长安大学思想政治教育研究丛书

新时代大学生思想政治教育理论与实践

主 编 曹爱琴 殷 峰 殷 莉

西安电子科技大学出版社

内容简介

本书以习近平新时代中国特色社会主义思想为指导，依托长安大学思想教育工作体系和"陕西省一流专业"培育项目平台，紧密结合长安大学思想政治教育专业理论教学和实践育人的专业特色，汇编了16篇长安大学思想政治教育专业优秀学生论文。全书包括理论和实践两个部分，集中展示了长安大学思想政治教育专业实践育人的优秀理论成果，并提出了一些新的理论问题，探索了一些新的工作方法。

本书既对高校思想政治教育专业的理论教学和实践育人工作有一定的参考价值，也可供专业学习者阅读参考。

图书在版编目(CIP)数据

新时代大学生思想政治教育理论与实践 / 曹爱琴，殷峰，殷莉主编. —西安：西安电子科技大学出版社，2019.8

ISBN 978 - 7 - 5606 - 5379 - 2

Ⅰ. ① 新…　Ⅱ. ① 曹…　② 殷…　③ 殷…　Ⅲ. ① 大学生—思想政治教育—研究—中国
Ⅳ. ① G641

中国版本图书馆 CIP 数据核字(2019)第 130315 号

策划编辑	刘玉芳
责任编辑	孙雅菲　雷鸿俊
出版发行	西安电子科技大学出版社(西安市太白南路 2 号)
电　话	(029)88242885　88201467　　邮　编　710071
网　址	www.xduph.com　　　　电子邮箱　xdupfxb001@163.com
经　销	新华书店
印刷单位	咸阳华盛印务有限责任公司
版　次	2019 年 8 月第 1 版　2019 年 8 月第 1 次印刷
开　本	787 毫米×960 毫米　1/16　印张 11
字　数	215 千字
印　数	1~1000 册
定　价	30.00 元

ISBN 978 - 7 - 5606 - 5379 - 2 / G

XDUP 5681001 - 1

＊ ＊ ＊ 如有印装问题可调换 ＊ ＊ ＊

长安大学思想政治教育研究丛书

编 委 会

前言

QIANYAN

　　"培养什么人，怎样培养人"，是教育的根本问题和永恒主题。党的十八大以来，以习近平同志为核心的党中央审时度势、高瞻远瞩，高度重视培养社会主义建设者和接班人，提出坚持把立德树人作为中心环节，把思想政治工作贯穿教育教学全过程，实现全程育人、全方位育人，努力开创我国教育事业发展新局面。在2018年的全国教育大会上，习近平总书记发表重要讲话，全面总结党的十八大以来教育改革实践中形成的新理念、新思想、新观点，明确提出教育工作的根本任务和教育现代化的方向，围绕培养什么人、怎样培养人、为谁培养人这一根本问题作出部署，为加快推进教育现代化、建设教育强国提供了重要遵循。加强和改进大学生思想政治教育，提高学生的思想政治素质，切实履行立德树人的教育使命，把学生培养成又红又专、德才兼备、全面发展的中国特色社会主义合格建设者和可靠接班人，确保中国特色社会主义事业兴旺发达、后继有人，具有重大而深远的战略意义。

　　长安大学马克思主义学院坚定人才培养初心，始终坚持"学科建设是龙头，科学研究是支撑"的建院理念，打通"三个课堂"，以课堂教学为基础、以实践教学为依托、以网络教学为拓展，充分打造全方位、立体式"三个课堂"，进一步提升本科人才培养成效；打造"三个品牌"，自2015年起逐步打造"本科生导师制"、"拔尖人才"和"实践育人"项目，根据学生自身特点和职业发展规划，统筹规划并因材施教，给学生提供定制化和精准化培养模式；培养"三合人才"，使之成长为能担当民族复兴重任的"时代新人"、具有社会实践能力的"职场精英"和服务学校学科特色的"行业尖兵"，主动到基层去、到山村去、到工厂去，利用专业知识服务地方社会发展，经过几年时间的探索已初见成效。2016年长安大学思想政治教育专业被评为陕西省"一流专业"培育项目，2018年长安大学马克思主义学院入选陕西省重点马克思主义学院。

"长安大学思想政治教育研究丛书"由长安大学马克思主义学院组织编写，自 2018 年起定期组稿公开出版，主要采集长安大学思想政治教育专业学生的优秀论文和优秀调研报告，充分展示当代大学生对于精准扶贫、乡村振兴、红色文化、网络育人等社会问题的理论思考和介入路径，集中体现长安大学思想政治教育专业学生的时代情怀、实践体悟和学术能力，打造"长大思政特色"，树立"长大思政品牌"，争取在全国思想政治教育领域有一定影响力。

本书是"长安大学思想政治教育研究丛书"之一，也是系列丛书的第一本。全书主要分为理论篇与实践篇两大部分，共包含《乡村振兴战略下农村基层党员能力发展与建设研究》《大数据时代红色文化传播研究》《西安市"车让人"政策实施情况调查报告》等 16 篇文章，主要对陕西当前重点任务和中心工作进行理论探讨和实践探索，重点对"一带一路"、"追赶超越"、精准扶贫、乡村振兴、西咸一体化等议题进行探讨，集中体现了马克思主义学院近年来在人才培养、学科建设、学术研究和社会服务等方面的实践和成绩。

本书是长安大学马克思主义学院思想政治教育专业"一流专业"建设的重要内容，是思想政治教育专业学生风采展示和能力拓展的重要平台和渠道。当然，由于学生的社会经验不足、科研能力欠缺，在相关主题的论述和分析中逻辑有待完善、文笔有待凝练、方法有待规范，但透过以上文章，可以看到当代大学生在新时代征程上的创新精神、实践能力和社会责任感，这也是本书的根本意义所在。

编 者

2019 年 4 月

目　录

马克思民生思想及其当代价值研究

田茂农

摘 要 民生，即民众的生计、生活。保障民生、改善民生，就是要把增进人民福祉、促进人的全面发展作为发展的出发点和落脚点，这与马克思民生思想以实现人的自由而全面的发展为最终奋斗目标在本质上是一致的。如何以马克思主义为指导，研究马克思民生思想的当代价值，成功探索出具有中国特色社会主义民生道路、理论和制度，是当前马克思主义民生思想研究的重大问题。本论文以马克思民生思想为研究对象，对其历史形成、科学内涵、价值取向和理论特征进行了思考与探究，深入挖掘并总结出了马克思民生思想在当代的理论价值与实践价值。

关键词 马克思；民生；民生思想；当代价值

一、马克思民生思想及其当代价值概述

本文中所研究的马克思民生思想，不仅是马克思在其著作中体现出来的马克思关于民生的个人思想，更是以马克思主义为基础，与马克思主义学说紧密相关、不可分离的关于"民生"的思想。时代的呼唤、历史的选择、科学的来源加之马克思本人深入的思考和探索使得马克思民生思想具有了实践性、科学性、批判性和时代性的特征，更使马克思民生思想与时俱进、不断发展、不断延续，在今天也有着不可磨灭的重要价值。本文在对马克思民生思想当代价值的探索中，研究范围主要放在当前中国，从理论和实践两个方面入手，探讨马克思民生思想对于中国特色社会主义民生理论及民生实践的重要指导作用。

二、马克思民生思想的历史形成

马克思民生思想应时代需要而产生，在马克思对资本主义的批判中逐渐成长，在各种理论思想的碰撞与交织中走向完善，并在一代又一代无产阶级革命者和建设者的奋斗中不断续延。

（一）马克思民生思想产生的背景

资本主义经济的发展和社会矛盾的激化使得资本主义制度下资产阶级和无产阶级的矛盾尖锐是马克思民生思想产生的最主要的背景。

1. 马克思民生思想产生的历史原因

马克思民生思想并非凭空产生，而有其必然历史原因。生产力的变革从根本上促进了历史上各种社会形态的更替与发展。十九世纪三四十年代，资本主义发展的历史性变化成为了马克思民生思想产生的历史原因。造成资本主义经济危机的根本原因是资本主义生产社会化与生产资料私人占有之间的矛盾，这也是资本主义本身不可调和的内在矛盾。资本主义发展的历史性变化使马克思民生思想逐渐落地生根。

2. 马克思民生思想产生的社会因素

十九世纪三四十年代以来，德国逐渐进行社会转型，整个社会随着资本主义生产方式的产生完成着由封建制度向资本主义制度的过渡，使得当时社会环境复杂、阶级矛盾尖锐、民生问题突出，引发了马克思关于无产阶级民生的思考。当时，整个欧洲都处于社会转型时期，资本主义的萌芽在一定程度上解放和发展了生产力，却也使得社会环境变得纷繁杂乱。"工人创造的商品越多，他就越变成廉价的商品。"[1]工人们通过自己的劳动给资本家们创造了高楼大厦，却只能住在脏乱的贫民窟里，吃不饱穿不暖还要进行超负荷的劳动力支出，遭受资本家们的残酷剥削而陷入民生困境。正因如此，马克思开始寻求实现无产阶级民生的途径。

3. 马克思民生思想产生的主观条件

历史背景、社会环境对于马克思民生思想产生的客观影响重大，但同马克思本人的远大理想、家庭环境、所受教育等一系列因素对于其民生思想产生的主观推动也是密不可分的，其所处家庭的熏陶也是其民生思想形成的重要主观推因。马克思的父亲思想开明，推崇资产阶级人道主义精神，其自由主义和理性主义思想对马克思产生了巨大影响。他曾在一封信中对卡尔·马克思说："不管我把你的智力估计得有多高，要是没有一颗善良的心，你的智力对我来说就失去了任何意义"[2]。在所受学校教育方面，马克思在就读特利尔中学期间受到人道主义教育，并且进一步受到了启蒙思想的熏陶。

（二）马克思民生思想产生的思想渊源

启蒙思想家的民生观点、空想社会主义者的民生观点以及黑格尔"绝对精神"和费尔巴哈"人本主义"中所体现的民生观点在马克思民生思想的诞生过程中提供了重要的理论借

---

① 马克思恩格斯全集(第3卷).北京：人民出版社，2002：267.

② 马克思.马克思家书集.北京：人民出版社，1985：20.

鉴，成为其产生不可或缺的思想渊源。

1. 启蒙思想家的民生思想

十七、十八世纪的"启蒙运动"呼吁重新理解人的生活，探索人的本质，以"理性"的视角来分析人的生活和权利自由。以伏尔泰、孟德斯鸠、卢梭和费希特等人为代表的启蒙思想家们提出的"天赋人权"、"主权在民"等法权思想体现了他们自由、平等、博爱的民生观，这为马克思民生思想的产生开辟了道路。

资产阶级革命的启蒙者孟德斯鸠在谈到人类生活的规律时，认为其具有四条自然法，即和平、设法养活自己、对他人的爱慕感情和对社会生活的愿望。他把和平作为第一条自然法，认为人"应当是先想如何保存自己的生命。"[1]卢梭也曾指出，"人取得的所有进步都使人更加远离原始状态。"[2]启蒙思想家们所强调的独立、和平、生命、健康、自由等一系列思想是关于民生的重要内容；尤其是费希特的理论对马克思产生了深远的影响，马克思正是从费希特的理想主义中获得重要资源形成了共产主义思想。

2. 空想社会主义者的民生思想

十九世纪以来，空想社会主义者站在无产阶级立场上对资本主义社会的无情揭露和批判对马克思民生思想的产生起到了重要作用。圣西门、傅立叶、欧文三大空想社会主义思想家试图揭露出资本主义的欺诈、罪恶及其带来的贫穷、困顿。

空想社会主义者们从资本主义原始积累中劳动人民的异化民生着眼，指出这种现实状况产生的根源，描绘出人人幸福的理想民生及其实现路径。他们认为，资本主义必然要被社会主义所代替，并对未来理想民生提出了许多积极的主张和想法，这些对未来美好社会的民生构想对马克思民生目标的设定具有重要的指导意义。尽管当时他们的某些观点依然没有摆脱启蒙思想家的狭隘视野，存在着一定缺陷，但空想社会主义者们直接揭露并批判资本主义社会的黑暗面，深入思考民生问题产生的制度根源，大胆指出解决民生问题的发展方向，作为当时较为先进且优秀的思想，对马克思民生思想的形成起到了十分重要的作用。

3. 黑格尔的"绝对精神"和费尔巴哈的"人本主义"

黑格尔的"绝对精神"关注人的主体地位，黑格尔认为劳动是人改造自然的必要手段，这说明他对人所具有的社会属性已有一定认识。尽管黑格尔"绝对精神"带有极强的唯心主义色彩，但马克思民生思想仍将"绝对精神"中的合理成分融会贯通，在坚持物质实践基础上，将人的本质属性归结为人的社会属性。因此，马克思民生思想认为民生的实现必须要

---

① 孟德斯鸠. 论法的精神. 北京：商务印书馆，1987：4.
② 卢梭. 论人类不平等的起源和基础. 商想，译. 南宁：广西师范大学出版社，2002：62.

重视人与社会的和谐稳定，重视个人社会关系的系统协调。

费尔巴哈在反对宗教和唯心哲学的斗争中形成了独树一帜的人本主义思想。他深刻批判黑格尔"绝对精神"，认为所谓"绝对精神"是与人的现实生活相脱离的极其抽象的精神。他认为必须将现实的人作为研究对象，关注现实的人的民生状况，解决好现实的人的民生问题。马克思综合费尔巴哈观点，将其转化为其独有的民生观点："人的本质不是单个人所固有的抽象物，在其现实性上，它是一切社会关系的总和。"①

（三）马克思民生思想发展的历史演变

马克思民生思想在马克思主义的形成和发展中演进，同时，它也与唯物史观的发展相互作用、相互促进，萌芽后又经过艰难探索和不断完善，逐渐走向成熟，并在当代获得传承与延续。

1. 马克思民生思想的形成阶段

如前所述，马克思民生思想萌芽于他的成长环境，形成于其学生时代。马克思本人在《青年在选择职业时的考虑》这篇文章中写道："在选择职业时，我们应该遵循的主要指针是人类的幸福和我们自身的完美。"这显然表明早在其学生时代，马克思就已经树立了为全人类谋幸福的坚定决心。

大学时期，马克思开始真正地深入接触启蒙思想家们的民生思想和德国古典哲学思想，卢梭、费希特、康德、黑格尔、费尔巴哈等人的著作对马克思民生思想的形成产生了重要的影响。在其博士论文《德谟克利特的自然哲学与伊壁鸠鲁的自然哲学的差别》中，马克思写道："在必然性中生活，是不幸的事，但是在必然性中生活，并不是一种必然性。"②这表示他的世界观已经开始转变，开始强调改变人的现实生活，而不是仅仅把这种改变停留在理论层面。之后，在《关于费尔巴哈的提纲》、《德意志意识形态》两篇著作中，马克思从实践角度出发阐述人的现实生活，得出"人的生存权、发展权的实现主要取决于社会生活条件和社会历史发展规律"这一结论。自此，马克思已形成了强调人的现实生活、追求人的现实幸福的实践性的民生思想。

2. 马克思民生思想的成熟阶段

马克思民生思想在实践的考验和磨炼中逐渐走向成熟。马克思认为，历史的发展必然是通过共产主义的实践从而消灭资本主义的异化劳动，"共产主义是私有财产即人的自我异化的积极的扬弃，因而是通过人并且为了人而对人的本质的真正占有；因此，它是人向自身、向社会的合乎人性的人的复归，这种复归是完全的、自觉的和在以往发展的全部财

---

① 马克思恩格斯选集(第1卷)．北京：人民出版社，1995：56．
② 马克思恩格斯选集(第1卷)．北京：人民出版社，1995：26．

富的范围内生成的"。① 1848 年，马克思联手恩格斯发表了《共产党宣言》，在宣言中，马克思将共产主义社会设定为人类生活的最高级的社会形态：在共产主义社会里，人们才会获得自由而全面的发展，社会才会达到最为和谐的状态；在共产主义社会里，民生问题才会得到真正意义上的解决，人的生存权、发展权才能得到真正意义上的保障。在《资本论》这一论著中，马克思从政治经济学的角度对民生问题进行了全面思考，深刻批判了资本主义异化劳动带来的民生困境，这也使马克思民生思想伴随着马克思主义的不断进步而走向成熟。

3. 马克思民生思想在中国的发展与延续

马克思民生思想作为时代的产物必然具有历史性，"以史为镜，可以知得失"，马克思民生思想作为马克思主义的重要部分流传至今，在当代中国马克思主义理论与实践中获得了延续，已然成为保障和改善当代中国民生的精神动力和理论支撑。

中国作为当今世界的社会主义大国，其民生发展史就是一幅可歌可泣的宏伟画卷。从建国初期的温饱难题到现在即将实现的全面小康，改革开放四十年来，大力发展生产力、以经济建设为中心已成为共识。当代中国民生问题的逐步解决也与这一共识密不可分，而这也同马克思民生思想相一致。

社会主义制度之优越性即在于其解决民生问题之真实性。党和国家以人民群众的利益需要和福祉为着眼点和落脚点，努力使"全体人民学有所教、劳有所得、病有所医、老有所养、住有所居"，正是马克思民生思想在中国的发展与延续。

三、马克思民生思想的科学内涵与理论特征

马克思民生思想从人的需要出发，立足人的实践本质，探寻人的发展道路。而马克思民生思想的实践性、科学性、批判性和时代性是其能够永葆生机，指导当代民生建设的重要原因。

（一）马克思民生思想的科学内涵

马克思民生思想主要涵盖三个层面，即人的需要、人的实践、人的发展，三个层面交相辉映，在历史的演变过程中与传统民生思想相结合。

1. 人的需要——马克思民生思想的起点

"任何人类历史的第一个前提无疑是有生命的个人的存在"②，马克思对于民生的关怀是从对作为个体的人的深化认识开始的。

---

① 马克思. 1844 年经济学哲学手稿. 北京：人民出版社，2000：80.
② 马克思恩格斯全集(第 3 卷)[M]. 北京：人民出版社，2002：68.

尽管在著述中马克思没有对人的需要的合理性作出明文解读，但他的某些论述仍然能够明确表现出他对于民生问题的重点关注。马克思曾写道："一座房子不管怎样小，在周围的房屋都是这样小的时候，它是能满足社会对住房的一切要求的。但是，一旦在这座小房子近旁耸立起一座宫殿，这座小房子就缩成茅舍模样了。"①在这当中，马克思阐明了工人们的民生需要，须立于整个社会的水平去衡量。一切民生的起点都是人的需要，而劳动则是满足这些需要的必要手段。"劳动满足了人的需要，从而物化了人的本质，又创造与另一个人的本质的需要相符合的物品。"②满足需要的生产促进了生产力的发展，而只有生产力的发展才能从根本上为促进民生改善提供可能。

2. 人的实践——马克思民生思想的本质

人的实践投射出了马克思民生思想的本质。马克思之所以把自己创立的哲学称为"实践唯物主义"，就是立足于实践来解释人的生活的哲学世界观，这无疑也是马克思民生思想的世界观基础。

人民群众对于民生的实践主要包括两个方面：改造自然的实践与改善社会关系的实践。除了自然关系，满足民生需要也与社会关系密不可分。社会关系不在民生实践之外形成，反之，社会关系实现于人们民生实践的过程之中。人与人之间的交往实践决定一个社会所存在的社会关系与社会制度，这些正是解决民生问题的关键，也是马克思民生思想实践本质的体现。

3. 人的发展——马克思民生思想的目的

马克思认为，未来社会是"以每个人全面自由的发展为基本原则的社会形式"。③ 因此，马克思民生思想的根本目的也始终是"为了人"。

人的发展意味着人的高度解放与真正的自我完成。马克思对劳动大众的未来命运关心至极，以全人类解放和全面自由发展作为自己的历史使命，以能否促进人类解放和自由全面发展作为衡量一个社会民生发展和民生问题得失的最高价值标准。

实现人的自由全面发展的过程就是满足人们各种民生需求的过程，就是实现民生的过程。马克思也在批判资本主义异化劳动的基础上向我们阐明：民生问题的不断改善与民生建设的不断进步必须以实现人的自由全面发展为前进方向和最高目标。

（二）马克思民生思想的理论特征

马克思民生思想是以对人的需要的关注为起点，以社会生活的民生实践为本质，以实现人的自由全面发展为追求，以实现共产主义民生为终极目标，在对传统民生思想的批判

---

① 马克思恩格斯全集(第 1 卷). 北京：人民出版社，1995：349.

② 马克思恩格斯全集(第 42 卷). 北京：人民出版社，2002：37.

③ 马克思恩格斯全集(第 23 卷). 北京：人民出版社，2002：649.

继承中形成的科学民生思想，具有实践性、科学性、批判性、时代性的理论特征。

1. 实践性是马克思民生思想的本质特征

马克思民生思想的本质即是人的实践，因而，实践性是马克思民生思想的本质特征。

民生与社会实践的密切联系是马克思从始至终都强调并遵循的，他坚持从实践的视角关注无产阶级及其广大劳动人民的生存困境和发展需求，并致力于在理论与实践的结合中解决民生问题，希望通过实践使民生问题解决的可能性由理论转化为现实。

2. 科学性是马克思民生思想的鲜明特点

正因为实践性是马克思民生思想的本质特征，因而马克思民生思想也必然具有严谨的科学性。马克思民生思想的哲学基础是科学的马克思主义唯物史观，是以实践为基础的历史唯心主义形成的辩证唯物主义世界观，马克思也因此能从人类社会的总体分析入手，把握民生本质，解决民生问题。

马克思民生思想体系完善、逻辑严谨，不仅因为它具有科学的哲学基础，更重要的是因为它在逻辑上本身就是完整的体系。马克思民生思想包括人的需要、实践和发展三个层面的科学内涵，这三个层面辩证统一，不可分割。

3. 批判性是马克思民生思想的革命特性

无产阶级是最具革命性、批判性的阶级，而马克思民生思想就是在对资本主义异化劳动的批判这一基础上产生的。"对实践的唯物主义者即共产主义者来说，全部问题都在于使现存世界革命化，实际地反对并改变现存的事物。"[①]马克思民生思想与以往的民生思想的不同在于，它是为无产阶级与最广大人民的根本利益服务的，是为消灭剥削、推翻资本主义制度、建设和谐社会服务的。

马克思民生思想主要批判资本主义社会现实，批判资本主义社会的劳动异化现象，批判资本主义社会的虚伪性。马克思在对形形色色的资产阶级思想家的批判和斗争中形成了自己的民生理论。

4. 时代性是马克思民生思想的宝贵品质

马克思民生思想的科学性、实践性和批判性决定了它必然是与时俱进、不断发展的。它面向历史、面向现实、面向未来，是永葆生机的科学思想，是开放创新的民生理论。

马克思民生思想并不会走向穷途陌路，在当代，它仍然能够起到一定的指导作用。马克思民生思想对中国的时代意义是非凡的，中国共产党的历代领导核心与时俱进，把马克思民生思想与中国国情相结合，在传承马克思民生思想真理性一面的同时为其增光添彩，并以之为指导建设中国特色社会主义民生事业。

----

① 马克思恩格斯全集(第1卷).北京：人民出版社,1995：48.

四、马克思民生思想的当代价值

在中国特色社会主义的发展过程中，党中央历代领导集体从我国基本国情出发，吸收马克思民生思想中的合理成分，将马克思民生思想与中国特色社会主义理论和实践相结合，使马克思民生思想在当代中国仍然充满价值，焕发出勃勃生机。

（一）丰富和发展中国特色社会主义理论体系

中国特色社会主义理论体系包括邓小平理论、"三个代表"重要思想以及科学发展观，以邓小平、江泽民、胡锦涛为代表的三代中国共产党人将马克思民生思想与中国实际相结合。

邓小平提出"三个有利于"判断标准中，"是否有利于提高人民的生活水平"这条标准是生产力发展的最终目的和根本趋向，其实质是要求以人民根本利益作为衡量民生的最高标准和价值原则，邓小平同志以人民根本利益为最高价值标准的民生观延续了马克思民生思想的人本主题。

江泽民创造性地提出"三个代表"重要思想，科学地回答了在新的历史条件下"为谁改善民生"这一重大理论问题和实际问题，使马克思民生思想在民生发展的价值取向上进一步发展，为民生问题的解决提供了价值坐标。

胡锦涛也非常注重改善民生、发展民生，对民生问题给予了极高的重视，提出了"以人为本"的科学发展观，因而赋予了马克思民生思想新的时代内涵。

（二）诠释和深化党"以人为本"的执政理念

马克思民生思想的科学内涵即包括人的需要、人的实践、人的发展三个层次，人在其科学思想中居于核心地位。

马克思认为，未来的共产主义社会是每个人自由而全面发展的社会，是人与人和谐相处、人与自然和谐共生的社会。这不但是马克思主义的内在逻辑诉求，也是更好地坚持马克思民生思想与中国特色社会主义理论体系结合起来的根本选择。

我们所坚持的社会制度是以劳动人民及其根本利益为根本出发点和落脚点的社会制度，其根本任务是为了实现好、维护好、发展好最广大劳动人民的利益。坚持以人为本，充分体现了我们党的宗旨和执政理念，更是马克思民生思想的精髓。

（三）为我国当前民生建设实践提供理论指导

我国在现代化的进程中，体制及各方面管理体系仍不完善等原因，使当前的形势既处在发展的黄金期，又处在矛盾的爆发期，民生问题尤为突出。因此，马克思民生思想的科学内涵对认识与解决当下民生问题在理论层面上的指引是必要的。

改革开放的整个过程，实际上是生产力改革的革命。在基本解决人民温饱问题基础上，及时提出了建设全面社会主义小康社会的号召，提出科学发展观，将发展生产力作为第一要务。所以，马克思民生思想应是我们长期学习和遵循的理论指导。

自党的十八大以来，习近平总书记深入研究国计民生，明确社会发展和改革的目标，指出要推进人民生活水平的全面提高，促进人的全面发展。这一民生观是当前及今后社会发展的重要指导理论，也是马克思民生思想与我国当前最新民生实践的结合。

（四）为实现中华民族伟大复兴提供精神动力

习近平总书记在参观《复兴之路》展览时，首次集中阐述了实现中华民族伟大复兴的中国梦。中国梦在一定意义上就是民生全面发展的新愿景。习近平总书记强调，我们党领导人民全面建设小康社会、进行改革开放和社会主义现代化建设的根本目的，就是要通过发展社会生产力，不断提高人民物质文化生活水平，促进人的全面发展。

高度关注民生、关心群众生活，着力保障和改善民生，是我们党全心全意为人民服务宗旨的体现，是党的群众路线的重要组成部分，是贯穿党的历史的一条主线。而中国梦对民生建设的要求体现了中国共产党人的历史使命和责任，即推动人类文明进步，积极倡导人类社会的主流精神和核心价值诉求。

五、结语

马克思民生思想的诞生固然有其特殊背景，但其对于当代中国的建设与发展仍然具有重要的借鉴意义，以毛泽东、邓小平、江泽民、胡锦涛、习近平为主要代表的历届中央领导集体，深刻把握马克思民生思想的基本内涵，充分吸收马克思民生思想中的积极养分，在历史的进程中一步步推进马克思民生思想的中国化，结合社会主义发展的阶段性和建设的长期性特征，适时提出"四个现代化""共同富裕""全面小康社会""和谐社会""民族复兴"等民生发展目标，形成了"立党为公，执政为民、全心全意为人民服务、大力解放和发展生产力，实现共同富裕、'三个代表'重要思想、科学发展观、'中国梦'、四个全面"等保障和改善民生的战略理念，探索符合中国国情的民生建设理论，指引并推动我国的民生建设不断迈上新台阶。因此，研究马克思民生思想，深刻分析和挖掘其当代价值，对于进一步寻找符合我国国情的民生发展道路，进一步理解马克思民生思想对我国民生事业的指导作用，进一步推进我国关注民生、改善民生的实践，进一步巩固马克思主义在意识形态领域的指导地位具有重要意义。

★ 参考文献

[1]　庄福龄. 简明马克思主义史[M]. 北京：人民出版社，2004.

[2]　俞可平，王伟光，李慎明. 当代中国马克思主义理论与实践[M]. 重庆：重庆出版社，2013.

［3］ 胡锦涛. 高举中国特色社会主义伟大旗帜 为夺取全面建设小康社会新胜利而奋斗
   ［M］.北京：人民出版社，2007.

［4］ 习近平. 全面贯彻落实党的十八大精神要突出抓好六个方面工作［J］. 求是，2013.

［5］ 黄克亮. 民生问题的马克思主义解读［J］. 探求，2007.

［6］ 谭培文. 以人为终极关怀的马克思主义哲学新形态研究［J］. 广西师范大学学报：哲
   学社会科学版，2008(8).

［7］ 蒋锦洪，王慧.马克思的民生思想及其当代实践意义［J］. 华东师范大学学报：哲学社
   会科学版，2011.

［8］ Shi Mingyan，Song Mingjiang. Research on People's Livelihood Concept of Socialism With
   Chinese Characteristics. Canadian Social Science，Vol. 12 (8)，2016：61 - 66.

★ 作者简介：田茂农，男，长安大学马克思主义学院思想政治教育系 2013 级本科毕业生。
★ 指导教师：郭聪惠。

亚当·斯密《道德情操论》中
伦理思想的当代价值研究

赵 红

摘 要 作为市场经济理论的开篇者——亚当·斯密，早已针对经济发展与伦理道德之间的矛盾，在他的伦理学著作《道德情操论》中给出了指引。本文通过对亚当·斯密《道德情操论》这部经典伦理学著作的探究，简单介绍了亚当·斯密及其理论来源，系统地整理并分析了亚当·斯密的伦理思想，提出同情是其伦理思想体系的人性基础，合宜性是道德行为的评价机制，美德是伦理思想体系的逻辑目标，是追求人类社会幸福的必由之路。最终结合当代语境，分析亚当·斯密的伦理思想的合理性及局限性，并从中寻求其伦理思想对于个人成长、高校教育和社会发展当代价值。

关键词 亚当·斯密；伦理思想；同情；当代价值

一、引言

亚当·斯密作为西方经济学之父而闻名于世，但其作为伦理学家的成就往往不为世人周知，也使得《道德情操论》这部伦理学著作明珠蒙尘，尤其在中国少有人知。这部伦理学著作出版后，亚当·斯密终其一生不断地进行修订和完善，甚至第六版的修订工作都是他在病中完成的。于是在第六版的告读者序言中，他写道"我一生中的种种偶然事件必然使我全神贯注于各种工作，直到现在都妨碍我常想以小心谨慎和专心致志的态度进行的修订这一著作的工作"，他完美主义的工作态度仍然期望"继续完成它"。[①]时至今日，第六版《道德情操论》已经是最终的版本，但是这本伦理学著作的精髓却一直在流传和深化，也应随着时代的改变不断地给予新的解读与价值。本文将从中国当代的社会背景出发，深度理解《道德情操论》中的伦理学思想，挖掘其中所蕴含的时代价值。

---

① （英）亚当·斯密. 道德情操论[M]. 蒋自强，等译. 北京：商务印书馆，2016：1-2.

二、亚当·斯密伦理思想的产生背景和理论来源

一种思想的产生不是文字的游戏，是社会对一部著作的理解，绝对不能停留在文字分析的表层，而是要进入其内部。因而，试图研究亚当·斯密的伦理思想，必然要先了解其思想产生的时代背景和理论来源，才能深入其里。

（一）亚当·斯密伦理思想的产生背景

十八世纪的英国正处于第一次工业革命时期，正是从封建社会向资本主义社会的转变时期。随着经济社会的不断发展变化，人们的思想也发生了巨大的变化。解除了封建等级制度与宗教伦理束缚的人们，转变为追求个人的幸福，加上资本主义经济的迅速发展，地位等级大小被财富多少所替代。封建主义社会的伦理关系是既定而封闭的，人的自由受到了极大的限制。农民作为被剥削的阶级，只能在地主的压榨下获取极少的生活资源，没有发展自身的条件和自由。而资本主义社会的伦理关系是要求解放人性，追求自由与平等，保障人格的独立。在倡导人们追求自由而幸福的生活的同时，资本主义社会鼓励人们从事经济生活，重视经济利益的满足。总体而言，经济的迅速发展并没有带动人们道德情操水平的提升，当时的英国从精神上的百般禁忌一下子跳跃到了无拘无束的状态。整个社会的道德情操水平急转直下，如何使经济发展与道德情操提升谋得平衡成了当时尤为必要和亟待解决的问题。在这样的时代背景下，亚当·斯密的《道德情操论》横空问世，引起了学术界的轰动，为实现经济与道德的平衡提供了重要的理论支撑。

（二）亚当·斯密伦理思想的理论来源

亚当·斯密站在巨人的肩膀上完成了其伦理思想体系的构建，他的思想受到了早期情感主义伦理学家思想的熏陶，同时延续了哈奇森与休谟的伦理学思想。

伦理学思想的研究历史悠久，缘起于古希腊时期的哲学思想，形成于近代早期伦理学家霍布斯等利己主义道德观、沙甫慈伯利等伦理学家的利他主义伦理思想。前者否认情感的存在，而后者认为情感至上。哈奇森教授将人性解释为善良的，认为人性自身的本能会使人产生仁爱的道德行为，区分善恶，进而评价道德情操的水平高低。他认为，人行为的动机决定了行为的结果，心善则行善，心恶则行恶。休谟是亚当·斯密的另一位人生导师，休谟与亚当·斯密一样认为人性中既存在利己也有利他，但休谟认为利己与利他的成分是一样多的，而亚当·斯密则认为利己所占的成分更多。不论是伦理学名家的启迪、哈奇森教师的教诲，还是休谟的交流提升，都使得亚当·斯密的伦理学思想体系更加完善，并完成了《道德情操论》这部经典著作。

三、亚当·斯密伦理思想的主要内容

《道德情操论》中主要论述了伦理道德产生的根源基础、目的以及美德的培养，同时包含他对前人关于伦理道德的思想观点的整合。他将"同情"作为论述的基础，以"合宜性"为线索展开，论述了美德与正义的实现。

（一）本性基础：同情

亚当·斯密把同情解释为人的本性，他认为同情是一种对他人产生关心的本性，是与生俱来又于人类生存有益的基本能力[①]。同情可以使得个体间的激情互通，以此来了解他人的激情，进而完成个体之间的交往，构成人与人之间的关系，也就是伦理。因而同情是亚当·斯密伦理学思想中人的本性基础，在亚当·斯密整个伦理学思想体系中有着十分重要的地位。

1. 同情的内涵

关于同情的内涵，在亚当·斯密伦理学思想中十分重要，同情不仅是怜悯，是带有中性色彩的工具词汇，更是一种能力。同情是一种通过观察引发他人产生某种激情的情况，并进行想象，从而理解或产生与被观察对象相同的激情的情感反应。同情是人的本性基础，同时是人类道德行为产生的根源。

同情产生后从而引发道德行为，从同情的出发点即自身感受来讲，道德行为产生的根源是自身感受。道德通常被认为是无私的，但实际上这种无私的道德行为根源于行为者自身的同情。我们可以从以下几个方面来理解同情的内涵：首先，同情是在一定情境下产生的。同情的发生源自一定的情境，你并不知道情境中当事人的感受，但是你可能曾经历过类似的情境，或者是你能够想象类似情境会带来怎样的感受，从而产生了同情。其次，同情是一个从自身出发又回归自身的过程。最后，同情广泛地存在于每一独立个体之中，不论多么心坚如石的人，都会为不幸的或与自己相关的事情而动容。

2. 同情的特点

在亚当·斯密的伦理学体系中，同情是一个极为独特的概念，主要可以总结为四方面的特点。第一，同情具有广泛性。无论自利心多么强的人，都会有同情心。即便是罪犯，也会有内心柔软的一面，面对至亲之人的悲伤也会产生同情。第二，同情具有人性内部的自在性。同情自然地存在于人的内心之中，是人的一种本性。关于同情的自在性，亚当·斯密举了一个生动的实例，当人们亲眼目睹空中绳索上的舞者时，同情主体自身就会不自觉地随着舞者扭动起来，甚至害怕坠落下来。[②]第三，同情具有外部的情境性。亚当·斯密认

---

① （英）亚当·斯密. 道德情操论[M]. 蒋自强，等译. 北京：商务印书馆，2016：5.

② （英）亚当·斯密. 道德情操论. 蒋自强，等译. 北京：商务印书馆．2016：6-7.

为，当人们遇到一个需要同情的人时，并不能真正地感受客体的情感，只能在主体自身想象力的作用下，模仿客体所处的情境连通客体与同情主体的情感。当人们看到带有鲜血的伤口，人们会想象如果这个伤口是在自己的身上，自己似乎在忍受着与之相同的疼痛。第四，同情在根本上具有利己性。人们为了其他人的伤痛而悲伤，是因为人们为了自己而悲伤；为了其他人的幸福而快乐，是因为人们同样希望得到那份幸福。同情是通过自身的想像产生的，其根本立场是站在自己的角度去观望他人。

3. 同情的作用

同情是人与人之间关系产生与发展变化的基础，是亚当·斯密伦理思想体系的逻辑起点。同情作用的发挥是人们在社会中形成的重要基础，是社会运行的纽带。

亚当·斯密把社会作为人生存必备的环境，在人类社会中，所有的成员之间互相帮助，互相理解，有时也会有意或无意地互相伤害 。[①]同情是社会运行的纽带，通过这条纽带，独立个体之间产生了相互的理解，为人们之间的沟通搭起了桥梁。同情从一个中间的角度，对社会的正向和负向的行为都产生的一定的影响。因为同情的作用，当个体遭遇不幸时，会有其他个体作为旁观者对当事人的境遇进行想像，并去衡量当事人痛苦的程度，当这种程度触动了旁观者的内心时，社会的正向行为即美德的行为就会产生。

(二) 评价机制：合宜性

合宜性指的是行为合宜性，行为是否合宜关乎行为主体的道德情操水平。一个人的行为合宜，才能引起周围人的同情，相反则不能。而当同情产生引发一定的激情或行为时，也就是产生自在的同情后所做出的行为选择，也需要以合宜性进行衡量。亚当·斯密伦理思想中的评价机制，就是通过考量人行为的合宜性，来评价人的道德情操水平。亚当·斯密对同情进行阐明时，指出不论同情是由什么样的情境引发的，或者它有怎样的原因，再也没有比无比兴奋地感受到有人产生了相同的情绪更使当事人高兴，与此同时，也没有比截然不同的情绪更使当事人震惊。也就是说，不管同情源自于何，当一个同情收到了来自旁观人的认可，这就构成了合宜；相反地，就会产生类似敌对的情绪。因而合宜性也可以认为是一种社会的认同。

1. 合宜性的内涵

同情的发生需要引起主体产生与被同情的客体同样的感受，因同情产生的行为也需要符合一定的评价标准，这就是合宜性。所谓合宜性，是指通过旁观者的感受来判断当事人的行为或情感的一种性质状态，也就是说激情之间发生共鸣的程度。

根据合宜性的程度不同，亚当·斯密将其区别为一般合宜与完美合宜。一般合宜是指客体情感需要主体给予少量的同情便能达成平衡的状态。看到小孩子圆嘟嘟的小脸上洋溢

---

① （英）亚当·斯密. 道德情操论. 蒋自强，等译. 北京：商务印书馆. 2016：183.

着童真的笑容，你会乐意去体会小孩子的快乐；看到因天灾人祸引起的悲伤的情境，你会乐意伸出双手进行援助。完美合宜是指客体情感需要主体给予大量的同情才能达成平衡的状态。比如对于过分表现自己的悲伤的人，一般合宜会认为其行为超出了认可的范畴，而无法给予同情，完美合宜则会对于这些过分表现给予谅解和同情。亚当·斯密的合宜性概念是美德确立的核心，即合宜性越高的行为越是具有较高道德水平的行为。

2. 合宜性的特点

首先，平衡是合宜性最好的状态。合宜性是双方需要达到的一个平衡点，以悲伤这种最容易得到同情的激情为例，设想人们听到极大的哭声时，如果旁观者认为当事人所遭遇的情景并不能产生如此的痛苦，那么此时这种无法理解或者认为当事人过于软弱，就是没有达到双方的平衡，从而不具备合宜性。这就使得当事人需要适当减少自己的痛苦，而旁观者需要提高对当事人的理解，从而形成合宜。其次，合宜性是一个动态评价的过程。亚当·斯密通过细致地观察人们日常道德行为，剖析其内在的运作过程。他认为，要想达到真正的合宜性，就必须去探寻人们行为背后真正的感情基础，也就是要获悉行为的动机与目的。"可以从它同激起它的原因"，或可以从它同它意欲产生的结果来研究"。① 在行为目的方面，这种激情的主观目的所产生的结果是对他人有益与否，决定了它所引起的行为是否值得报答。再者，合宜性是一把标尺，中间为零，可正可负。亚当·斯密也论述了不合宜的情况，当一个人仇恨的情绪，远远超出旁观者相应能有的义愤，或是当一个人悲伤的表现，极大突破了甚至是朋友们最亲切的关怀，或是一个人对其他事物的称赞同他自身的原有情感相距甚远，或是当旁人仅是微笑一个人无法控制地大笑。

（三）逻辑目标：美德

在亚当·斯密的伦理学体系当中，美德是他所追求的逻辑目标。美德不仅是追求更高的道德情操水平，更是实现社会经济与道德和谐共生的基础。亚当·斯密在《道德情操论》中阐释了其伦理体系所追求的四种美德，即正义、仁慈、谨慎、自制。从伦理学的角度考量，正义是利他、利己的美德，仁慈是利他的美德，谨慎是利己的美德，自制是实践的美德。

伦理美德中最基础的就是正义，一种利己利他的美德。正义是法治社会中要求个体对他人与社会的关心。正义的出现需要两个条件的支撑，一方面是有同情引导产生对其他个体的关心；另一方面是社会资源的适度匮乏与人类社会需要之间的相对矛盾。同情是人的本性，但亚当·斯密同时表示同情是从自身的角度出发的，因而他实际上还是认为人性中有着不可抹去的自利心。这种自利心让当事者不会关心他人得失几何，也就会不自觉侵犯他人的利益。用正义的视觉去观察生活，尊重一定的原则即法律或相关规定办事。尤其是

① （英）亚当·斯密. 道德情操论. 蒋自强，等译. 北京：商务印书馆. 2016：81.

当资源适度匮乏时，如果一旦各自无限索取，资源会越来越匮乏，也就不利于整个社会的发展。假使资源无限存在，没有竞争，没有动荡，则不需要主持正义；如果资源过度匮乏，那么即便是人人懂得并尊重正义，也不能够挽救资源匮乏的事实，正义也就是无用的。

仁慈是关心他人幸福的一种利他的但与利己并不冲突的美德。仁慈美德的产生是人们对他人产生的同情，并且这份同情达到了合宜性较高的程度。有了同情，人们才会产生仁慈之心；有了仁慈，人们才会产生更多的对他人的同情。但是亚当·斯密并没有将自己划出仁慈的范围之外，甚至把对自我的仁慈列为最基本的。这是与同情的自我想象无法分割的，由于同情是从自身出发的，因此即便仁慈是为别人施展关心的美德，这种美德的产生天然带着对自己的关心，也就是"己所欲而后施于人"。

谨慎是可以为自己带来幸福、利己的美德。中国古代道德中有一个重要的要求就是"慎独"，即在独处的时候仍然遵守道德要求，谨慎行事。谨慎的美德与慎独有着异曲同工之处，它的产生来自于单独的个体对自身的关心。谨慎的美德让人学会面对和承认风险的存在，并学会如何规避风险。谨慎不是广为称颂的美德，却是对于当下、对于每个独立个体不可缺失的美德。这是一个有些浮躁的社会，人们迫切地渴望成功，在各色渴望的趋势下人们逐渐失去了这种美德，致使许多越轨的行为产生。

自制是帮助人培养德行的、实践性的、利己的美德。自制是在外部环境与个体激情发生冲突的情况下，通过对自身的控制，避免过激行为出现的美德。所以要想真正地实现其他三种美德，获得幸福，必须有自制的美德护航。在亚当·斯密看来，人类通过自制对激情的控制本身就具有美德的价值。这种美德和正义、仁慈、谨慎所体现的结果不同，自制本身就应该受到尊敬和赞美。自制是公正的旁观者的完美体现，其产生主要来源于人对于尊敬与称赞的需求。与谨慎不同的是，自制并不来源于对危险的恐慌。也就是说，原本并没有控制自己的必要，为了得到他人的赞许而对自己进行严格的管理控制。在公正的旁观者的指引下，自制的实践性主要体现在其对行为的控制上。美德是伦理思想最终的逻辑追求，亚当·斯密系统地论证了四种基本美德的形成过程，这四种美德是社会伦理良好发展的必备要素，社会就是在利己与利他的交叉中整体获益，良性运行。

四、亚当·斯密伦理思想的当代价值

价值是指作用主体与客体对象之间的有用性关系。研究一项理论的价值，在于理论中蕴含的意义与客体对象之间的契合，亚当·斯密的伟大著作《道德情操论》问世于18世纪的英国，3个世纪的时空距离，并不影响后世之人汲取亚当·斯密伦理思想的精华。18世纪的英国正是由封建社会形态到资本社会形态的过渡转变的时期，社会经历了极大的变化。同样的，21世纪的中国也正处于从集体化经济向市场经济转变的社会转型期，市场经济的迅猛发展，社会也正经历着类似的变迁。因而挖掘亚当·斯密伦理思想的当代价值，能够助益和谐社会的构建，是时代的需要与必经之路。

（一）对个体发展的价值

个体是社会的细胞，独立而又相互联系。随着社会新闻报道的无孔不入，似乎很多有关个人道德水平的问题涌现出来，回应社会道德问题迫在眉睫。伦理道德是关于人与人之间关系的一门学问，涉及个体与其他人相处共生的理论，亚当·斯密的《道德情操论》多角度、细腻地阐述了道德行为背后的原因，也为塑造个体的美好情操提供了深刻的理论借鉴价值。

对自我的认知，是一个经典的哲学问题，也是伦理学的探究基础。个体自我认知的分歧，会指导不一样的道德行为形成。在亚当·斯密的伦理思想中，他将人性中的利己部分和利他部分进行了详尽的阐述。伦理道德中的同情心和自利心同时存在，可是在同情心作用的条件是经由自利心的想像来完成的，因而人先是利己然后是利他，但是这样的先后并不影响利他作用的发挥。任何人都不应该且不能站在道德的制高点上指责其他个体，而应该时刻警醒自身，明确自我的道德主体责任，在承认并适当满足利己心的前提下，处理个体间的伦理关系。亚当·斯密对个体的分析细致大胆，生动展现了人作为道德主体的内心活动，也让个体认识到道德行为背后的受益方包含着自我，道德规范也就更容易得到个体的认可与遵循，契合了情操修养的需要，也是自律与自我教育理论溯源。

（二）对高校思想政治教育的价值

伦理是社会主体之间的关系问题，从社会主体到道德主体，主体的自我教育可以起到十分关键的作用。在高校双重育人的需求下，完成学生主体和道德主体的有机结合，推进学生自我教育显得尤为重要。从某种程度上讲，高校学生所接受的理论教育是十分充足的，但是在行动中却没有意识到自身应当去实践。亚当·斯密将自制作为实践的美德，不仅是在实践中的需要，而是通过实践自制才能培养更加完美的自己。在当代的高校教育中，应当更多地主张在实践中完成学生的自我道德教育。例如，在参加各类志愿活动的过程中，感受到对他人仁慈从而获得的认可和欢愉，会让学生产生很大的触动，从而坚持这种行为，并当作大学生的一种身份认可。通过学生们实际的接触和经历，来触发本能的同情心，进行个体的自我教育，提升学生的道德水平，培育良好的美德情操，既能为他人送去快乐，也能愉悦学生自身，并使其身心迅速成长。

在高校德育中，师生之间是教育者与被教育者的双向互动与交流沟通，同激情的传递与共鸣，使受教育者得到良好的教育。按照亚当·斯密的合宜理论来讲，要达到教育者与受教育者之间激情共鸣的合宜，需要教师放下身份，更加主动地想象学生的激情与感受，要带着仁爱之心进行教学活动，尽力想象学生的感情变化，并对学生进行一定的保护，教师与学生的距离就会得到有效的缩小；学生也不能一味地接受，而是通过想象教师的目的和意图，想象其所处情景的感受，与教师进行恰当的沟通。

（三）对社会发展的价值

道德情操的培养还需要有外在社会良好条件的保障和激励。社会是道德发展的土壤，是社会个体的生存环境，社会伦理是社会机制的重要组成，影响社会的进步与发展。与此同时，良好且完善的社会伦理体系能够促进社会道德的正向发展，增强人们的道德修养，从而促进社会其他方面的前进。

对财富的崇拜是人类在道德方面发生下滑现象的重要原因，"钦佩或近于崇拜富人和大人物，轻视或至少是怠慢穷人和小人物的这种倾向，虽然为建立和维持等级差别和社会秩序所必需，但同时也是人们道德情操败坏的一个重要而又最为普遍的原因"。[①]从哲学的唯物主义出发，道德和经济分属于上层建筑和经济基础，二者辩证统一。道德与经济互为独立又互相影响，随着中国四十年改革开放的不断深入，中国的经济形态发生了巨大的变化，市场经济作为主导的经济形态正以强大的力量带动着整个中国的发展。社会伦理体系也随着经济的发展产生了变化，当前的经济形态要求社会的个体自我认知与控制需要得到明确和加强。亚当·斯密认为，在社会环境中，人们对道德情感的需要最为根本的是社会性的，法律的惩罚和社会规则的约束远不及人们心中的公正旁观者。以无形之手指挥并引导伦理体系的重新建立。亚当·斯密的伦理学体系，对于完善中国的价值体系具有重要的指引作用，然而伦理体系的建设也绝非一日之寒，利用人性中天然的同情，完善社会对于合宜性的统一认可，把握公正旁观者的指引，将极大助益中国社会伦理体系的构建，推动中国现代社会的和谐进步。

五、结论

总览《道德情操论》这部伦理学著作，亚当·斯密通过恰当的逻辑，细致而严密地论述了他的伦理学体系。体系整体由同情出发，借助公正的旁观者，合宜性与同情二者紧密交织，阐述了人类不同的激情的发生以及伦理关系的变化，最终论述了正义、仁慈、谨慎和自制四种美德的产生。他的伦理学思想带着两个世纪前的智慧而来，依旧闪烁着耀眼的光芒。尽管是带有一定的资本主义固有矛盾的伦理思想，其合理性仍然值得后人关注，尤其是对于个体的细致分析从而推动了对自我的认知完善，其价值主要体现在个体的自我修养，乃至高校与社会的发展进步。

---

① （英）亚当·斯密. 道德情操论[M]. 蒋自强，等译. 北京：商务印书馆，2016：72.

★ 参考文献

[1]　(英)亚当·斯密.道德情操论[M].北京：商务印书馆，2016.

[2]　聂文军.同情在亚当·斯密伦理思想中的作用[J].现代哲学，2007，05.

[3]　刘飞，聂文军.论亚当·斯密仁慈德性的内在矛盾及其现当代启示[J].湖南大学学报(社会科学版)，2015，03.

[4]　罗卫东，刘璐.基于亚当·斯密"合宜性"理论的人类个体行为模型[J].社会科学战线，2016，07.

[5]　何志昌.亚当·斯密的"德性"思想研究[D].江西师范大学，2012.

[6]　刘璐.亚当·斯密的行为与社会秩序理论[D].浙江大学，2016.

[7]　刘宇然.亚当·斯密同情理论的青年道德情感教育价值研究[D].广东外语外贸大学，2015.

[8]　郝丽红.浅析亚当·斯密的同情思想[D].陕西师范大学，2011.

[9]　贾效东.亚当·斯密同情理论探析[D].浙江财经学院，2012.

[10]　刘淑芳.亚当·斯密美德论探析[D].郑州大学，2012.

[11]　罗贵榕.亚当·斯密与马克思的正义伦理之比较：以政治经济学为界[J].社会科学家，2013，09：11-15+19.

[12]　Deirdre McCloskey. Adam Smith, the Last of the Former Virtue Ethicists[J]. History of Political Economy, 2008, 40(1)：43-71.

★ 作者简介：赵红，女，长安大学马克思主义学院思想政治教育系 2013 级本科生，现为长安大学马克思主义学院马克思主义理论 2017 级硕士研究生。

★ 指导教师：郭聪惠。

全媒体时代马克思主义意识形态话语权功能实现研究

银　鑫

摘　要　马克思主义意识形态话语权功能是当前探究马克思主义意识形态有效性的新视角，马克思主义意识形态话语权功能能否有效发挥，直接影响了马克思主义意识形态话语权的认知和实践过程。对马克思主义意识形态话语权的功能进行研究，不仅可以促进马克思主义意识形态话语权理论的完善，而且对巩固和提升马克思主义意识形态在社会主义社会中的主导地位有极大意义。

全媒体时代，媒介形态的整合创新在推动思想文化交流的同时也加剧了不同意识形态之间的激烈碰撞。在此背景下，重新审视马克思主义意识形态话语权功能，充分发挥马克思主义意识形态在社会主义建设中的核心引领作用，显得尤为迫切与必要。正确认识马克思主义意识形态话语权的支持巩固功能、引领控制功能、批判维护功能和整合凝聚功能，通过建立全媒体话语传播体系、整合丰富马克思主义意识形态话语内容、转换话语表达方式、强化社会主义文化主导权、进行目标话语输出等途径，坚持开放性与约束性相结合、全面性与针对性相结合、一元性与多元性相结合、主导性和主体性相结合的实践原则，以巩固全媒体语境中马克思主义意识形态话语权的地位，促进其功能有效实现与充分发挥。

关键词　全媒体；马克思主义意识形态；话语权；功能

一、引言

马克思主义是我国社会主义建设的根本指导思想，也是我国主流意识形态的核心灵魂。马克思主义意识形态亦是中华人民共和国成立以来的主流意识形态。随着社会生活的日新月异和马克思主义意识形态理论的不断发展与完善，我国马克思主义意识形态建设获得了重大收效。与此同时，马克思主义意识形态话语体系也随之进入开放包容的时期。

尤其是进入全媒体时代以后，传统媒体和新兴媒体两大主要传播媒介双管齐下，马克思主义意识形态话语体系面临着被边缘化的挑战和风险。在猛烈的冲击之下，马克思主义意识形态话语权必然需要重新审视其话语体系的传播渠道的多样性、表述方式的平民性及话语内容的丰富性。

党的十八大以来，构建中国特色对外话语体系和提升国际话语权被提上了重要议事日程，以习近平为领导核心的党中央领导集体高度重视意识形态战略部署工作。2013 年 8 月，在全国宣传思想工作会议上，习近平明确指出，"意识形态工作是党的一项极端重要的工作"，加强宣传思想工作是巩固马克思主义意识形态指导地位及党和人民共同思想基础的必由之路，为此，要加强做好对外宣传，"创新对外宣传方式，着力打造融通中外的新概念、新范畴、新表述"。①同年 11 月，在党的十八届三中全会上，审议并通过了《中共中央关于全面深化改革若干重大问题的决定》，提出要进一步提高国际交流和传播能力，加快对外话语体系建设。随后，在主持十八届中央政治局第十二次集体学习时，习近平总书记再次强调，提高国家文化软实力权的一个必要条件，是增强国际话语权，构建国家话语体系，这需要充分发挥新媒体的优势性，"加强国际传播能力建设，增强对外话语的创造力、感召力、公信力"。②因此，在全面开放的全媒体时代，构建中国特色对外话语体系、提升马克思主义意识形态话语权、明确马克思主义意识形态话语权所特有的功能并为其功能的实现寻求最优路径，成为各界的普遍共识。

二、相关概念界定

厘清学界对于全媒体、话语、话语权、马克思主义意识形态话语权的研究现状与不同定义，旨在为马克思主义意识形态话语权功能的实现奠定理论基础，提供学理性支撑，从而对全媒体时代马克思主义意识形态话语权如何更加有效地发挥其原生功能进行反思与阐述，在深层次上巩固马克思主义意识形态话语权的核心领导地位。

（一）全媒体

"全媒体"（英文为 Omnimedia）一词随着 1999 年美国"玛莎-斯图尔特生活全媒体公司"

---

① 习近平. 意识形态工作是党的一项极端重要的工作［EB/OL］. http://news. xinhuanet. com/politics/2013－08/20/c_117021464_2. htm, 2013－08－20.

② 习近平主持中共中央政治局第十二次集体学习并发表重要讲话［EB/OL］. http://www. wxyjs. org. cn/zyldrhd_547/201401/t20140101_147332. htm, 2014－01－01.

的成立而诞生。早在 2013 年，中国新闻社社长刘北宪已然在"澳门全球传媒产业发展大会"上谈及未来媒体发展时指出，全媒体即采用一种包含"文、图、声、光、电等综合性的表现形式，在全方位、多角度、立体式地展示传播内容的同时，通过网络、通信、广播、电视等多种传播手段来传输信息内容的一种不同以往的、新的传播形态"。①

（二）话语

话语是推进人类文明向前发展的重要工具，也是人们交流、表现及沟通的主要手段。在语言学教授戴维·克里斯特尔所编撰的《现代语言学词典》中，"话语"被定义为"一段大于句子的连续语言（特别是口语）"，被解释为一般意义上，"语言学中具有前理论地位的一个行为单位：是一些话段的集合、构成个别可识别的语言事件"。② 戴维教授从"话语"的表达形式上对其进行定义，但在对其内涵的界定上，则稍显匮乏。

（三）话语权

以"权"为切入点，话语权包含"权力"与"权益"两重释义。"权力"指支配、指挥、领导他人的力量。"话语的权力"即指运用和支配"话语"的权威及能力。"权益"指可为可不为的自由和应然的价值回报。"话语的权益"即指"话语"赋予人们的权利和通过"话语"输出所获得的利益。本质上，话语是一个"关于社会中话语资源的分配问题"，③话语资源的多少与话语权的强弱呈正相关关系。

（四）马克思主义意识形态话语权

近年来，马克思主义意识形态话语权在崭新的视角下成为我国学界普遍关注和探讨的一个学术命题。意识形态作为特定历史环境下的社会产物，总是与一定的统治阶级相联系，也"总是寻求与国家权力相结合成为统治和管理社会的力量，对其他文化形式具有强大的渗透力，使其他文化形式直接或间接地反映意识形态的倾向性"。④掌握建构话语体系、编辑话语内容、阐释话语含义、传输话语渠道的话语权，也就成为意识形态占据主导地位的必由之路。

---

① 刘北宪："全媒体时代"正在渐进式到来［EB/OL］. http://www.chinanews.com/ga/2013/12 - 16/5623739.shtml, 2013 - 12 - 16.

② （英）戴维·克里斯特尔. 现代语言学词典. 沈家煊，译. 北京：商务印书馆，2000，111，转引自佟明燕.

③ 杨昕. 当代中国意识形态话语权研究述评［J］. 探索，2012，（03）：19 - 24.

④ 杨昕. 当代中国意识形态话语权研究述评［J］. 探索，2012，（03）：19 - 24.

马克思主义意识形态话语权可以理解为中国共产党在马克思主义科学理论的指导下，通过语言和文字等多种话语载体宣传社会主义思想形态与价值观念，以控制与支配社会舆论、引领与导向社会思潮，凝聚与矫正社会意识，巩固和扩大其在思想领域的主导地位，占据话语的制高点，加强执政合法性。

三、马克思主义意识形态话语权功能确立的理论依据

马克思主义意识形态话语作为独立的话语体系，其话语权功能不是空中楼阁，它不仅建立在马克思主义经典作家的意识形态理论基石之上，而且吸收了各家话语理论之长。因此，从意识形态的本质属性、马克思主义意识形态的根本特性、话语权的本质要求三个方面科学阐释马克思主义意识形态话语权功能的源起，对新的历史条件下马克思主义意识形态话语权功能的有效发挥具有极其重要的现实意义。

（一）意识形态的本质属性

作为一种思想体系，意识形态又兼具批判维护政治社会的工具性，这也进一步体现了意识形态的根本落脚点在于维护统治阶级的阶级统治，阶级性是其本质属性。在马克思主义经典作家的著作中，意识形态的相关论述与历史唯物主义思想的构建相伴而生。马克思、恩格斯认为，在政治社会中，"占统治地位的将是越来越抽象的思想，即越来越具有普遍性形式的思想"[①]。意识形态既是一种观念性的上层建筑，也是相对于军队、警察、法院等暴力国家机器的"软国家机器"，其根本目的在于维持某一社会体系，为特定阶级的利益进行合理化论证。

意识形态总是存在于一定的阶级社会中，是一种占据统治地位的阶级意识[②]；阶级性即意识形态的本质属性，为统治阶级的利益服务即意识形态的根本目的。因此，在社会主义社会，马克思主义意识形态要发挥其引领和论证功能，必须占据话语制高点，掌握意识形态话语权。马克思主义意识形态话语权功能发挥的根本依据亦在于马克思主义意识形态的无产阶级性。

（二）马克思主义意识形态的根本特性

马克思主义意识形态是一种集阶级性、科学性、革命性于一体的，与资产阶级"虚假

---

① 马克思恩格斯选集（第 1 卷）[M]. 北京：人民出版社，1995：100.
② 吴广庆. 马克思主义意识形态本质及当代价值述论[J]. 理论导刊，2011(12)：47-49.

意识形态"相对立的无产阶级意识形态。一方面,马克思主义意识形态话语权的功能源于其阶级性与革命性;另一方面,马克思主义意识形态话语权的功能又源于其实践性与科学性。

二十世纪初,列宁最早在为批判反击马赫主义与修正主义而撰写的经典著作《唯物主义和经验批判主义》中提出,意识形态有"科学"与非科学之分。他认为,"任何科学的意识形态都与客观真理和绝对自然相符合"[①],建立在客观自然法则与社会法律基础之上,能够正确揭示人类社会历史发展的客观规律以及必然趋势的意识形态,一定是具有科学性的意识形态。通过以上论述,马克思主义意识形态的科学性可见一斑。

马克思、恩格斯在首次系统阐述无产阶级运动和共产主义的终极意义时指出,"代替那存在着阶级和阶级对立的资产阶级旧社会的,将是这样一个联合体,在那里,每个人的自由发展是一切人的自由发展的条件"。[②]与鼓吹与宣扬资本主义意识形态,将对无产阶级的剥削合理化的旧有理论针锋相对,马克思主义意识形态坚定无产阶级政治立场,"以实现劳动人民为主体的最广大人民的根本利益为目标"[③],引领了一场前所未有、影响深远的革命思潮,其革命性尽显于此。

(三)话语权的本质要求

话语权以话语为载体,以某一特定阶级的意识形态、价值观及思想意识为内在驱动力,是"话语"和"权"的有机结合,其内涵在"伦理与阶级两个基本维度"上向外延展[④]。从伦理维度而言,话语权的主体通常是个人,人们在社会实践和人际交往中,通过运用"话语权利"来提升自己的社会地位,获取更多的社会资源;但在以国家为话语主体讨论话语权时,话语权是指统治阶级所拥有的话语导向与话语控制的权力,和意识形态话语权具有不可分割的耦合关系。话语权作为一种权力介质,意识形态性是其本质属性,占据话语权的制高点意味着掌握着社会资源的分配权与社会舆论的引导权,意味着对民心的凝聚与社会的融合成为可能。

---

① 列宁专题文集.论辩证唯物主义和历史唯物主义[M].北京:人民出版社,2009.
② 马克思恩格斯全集(第2卷).北京:人民教育出版社,2005:10.
③ 韩更新,张剑利.从《共产党宣言》看马克思主义的科学性和革命性[J].人民论坛,2014(11):223-225.
④ 张健.话语权的解释框架及公民社会中的话语表达[J].湖南行政学院学报,2008,(5).转引自葛彦东.掌握意识形态话语权初探[J].思想理论教育导刊,2015(01):73-77.

四、马克思主义意识形态话语权功能的主要内容

《辞海》中，"功能"被释义为"事物或方法所发挥的有利的作用；效能"。[①] 马克思主义意识形态话语权功能是马克思主义意识形态话语权体系的重要组成部分，由马克思主义意识形态的本质属性与话语权的根本特征所决定，主要表现为马克思主义意识形态话语权在社会政治、经济生活中所发挥的传播马克思主义科学理论、论证无产阶级专政的合法性，引领社会思潮，控制社会舆论，聚合民心所向，促进经济持续健康发展与加强社会整合等作用。

（一）巩固社会主义制度，促进社会稳定发展

从政治合法性维度来看，任一政治共同体及政治秩序的存在都以权力的支撑为首要前提。马克思主义意识形态话语权以马克思主义科学理论为指导，通过意识形态话语输出的方式，普及社会主义核心价值观，巩固党的执政地位与社会主义国家性质。因此，支持巩固功能与批判维护功能成为马克思主义意识形态话语权的两大基本功能。

第一，支持巩固功能，即指马克思主义意识形态话语权对于经济全球化复杂背景下，巩固中国共产党的执政地位，加强党的执政合法性，保持国家政权的稳定性所发挥的作用。在某种意义上，实现马克思主义意识形态话语权，亦表征着"坚持和巩固了马克思主义在党的各项政策中的指导地位"[②]。

第二，维护批判功能，即马克思主义意识形态话语权揭露并批判西方资本主义意识形态话语的虚假性与霸权性，通过科学论证无产阶级政党执政及人民民主专政的合理性与必然性，巩固社会主义制度及共产党的领导地位，进而促进社会主义事业不断向前发展所发挥的作用。

（二）引领社会舆论朝向，凝聚社会主体力量

从人民主体性维度来看，马克思主义意识形态是当前我国各类社会思潮与思想流派中起着主导与引领作用的主流价值导向。因此，马克思主义意识形态话语权必须具备两大特征：一方面，要具备人文主义精神的时代特征；另一方面，要获得绝大多数民众的普遍认同。正因如此，以马克思主义科学理论为支撑的马克思主义意识形态话语权，其实质是为

---

① 辞海（上）[Z]．上海：上海辞书出版社，1999：1125．

② 佟明燕．马克思主义意识形态话语权的理论阐释及其实现路径[D]．贵州师范大学，2014．

了维护广大人民群众的根本利益，具有"构筑人民的精神支柱，提高民族凝聚力和认同感"[①]的引领控制功能与整合凝聚功能。

第一，引领控制功能，即指马克思主义意识形态话语权对于社会主流价值和人民精神方向的引领以及对社会错误舆论和人民错误思想的控制矫正。"人民群众的理论需要和利益诉求推动意识形态话语权的建设"[②]，也是意识形态话语权功能发挥的内在遵循与价值追求。

第二，整合凝聚功能，即指马克思主义意识形态话语权所具有的整合社会思想、社会群体以及凝聚人民理想、民心所向的功能。"任何意识形态均具有一定的整合功能，这是意识形态作为社会精神文化现象所具有的特殊的功能。"[③]通过政治教育用马克思主义基本原理武装人民群众的头脑，让人民群众掌握马克思主义思想观点，从而达到整合人民群众思想，指导人民群众行为的目的。

五、全媒体时代马克思主义意识形态话语权功能实现的现实困境

随着传统媒体和新媒体的深度融合及全媒体本身技术和理论的嬗变，全媒体时代所表现出的某些特性如传播渠道的扩散性、传播内容的碎片化、传播方式的多维性、传播对象的个体性等挑战和冲击了马克思主义意识形态话语权功能的发挥，对当代马克思主义意识形态话语权功能实现进行了现实拷问。

（一）渠道扩散性挑战了话语输出的优势性

全媒体时代，传统纸媒、电视媒体及广播媒体与互联网平台、手机自媒体等新的媒体形态互相补充，形成多管齐下的信息传播渠道。互联网逐渐发展出了一种兼具开放性与平等性的"去中心化"系统格局，这种扁平式的网络交往结构加大了信息扩散，在挑战中国共产党话语输出内容的信息优先权的同时，也对马克思主义意识形态话语权的主导地位构成了威胁。

（二）内容碎片化冲击了话语主体的权威性

全媒体时代，媒体传播内容的丰富性必然带来信息获取的碎片化，传统媒体的"一种声

[①] 李竹叶. 当代中国加强马克思主义意识形态话语权建设的意义[C]. 学术视域下的 2015 全国两会热点解读——决策论坛.

[②] 刘国普. 当代中国马克思主义意识形态话语权建设研究[D]. 华南理工大学，2014.

[③] 张治库. 社会主义意识形态的整合功能[J]. 社会主义研究，2004(05)：19－20＋73.

音""一个导向""绝对权威"的地位被网络各种信息源所提供的海量化信息所覆盖,人们的话语能力和话语表达前所未有地提高,马克思主义意识形态话语权的吸引力不断弱化,主体权威被削弱,其功能的实现也因此受到极大的冲击。

(三)方式多维性动摇了功能实现的有效性

全媒体时代,由于互联网通信技术的发展和新型信息网络格局的形成,信息传播方式由平面向立体、由单一向多维进行转变。在形式更加多元、环境高度开放的全媒体时代,信息的传播方式由点对面的大众传播变为点对点、面对面的组织传播①。而这种以全媒体为依托平台的立体传播,在为公众提供更多认知、了解政府和国家的角度与途径的同时,深深动摇了马克思主义意识形态话语权的一元主导地位,阻碍了其功能的有效发挥。

(四)对象个体性影响了话语功能的聚合性

"全媒体时代,不是每个人都是记者,而是每个人都是媒体。"②人们不再仅满足于做信息的被动接收者,也不再对被给予的信息全盘皆收,而对信息的真伪和层次有了自己的辨别与要求。面对不同个体独特的个性特征与迥异的内在需求,马克思主义意识形态话语权传统的普遍化、大众化的话语表达难以为继,对社会思想的整合及人民信念的凝聚等功能的实现也同时受到影响。分众化是全媒体时代表现出的显著特征之一,其核心主体是受众,表现特征即为受众的个体性。马克思主义意识形态话语权通常以规范性、理想性的政治语言进行信息的组织与传播,在受众个体性突出、需求分化的全媒体时代,无法满足受众对于信息定位准确的要求。

六、全媒体时代马克思主义意识形态话语权功能实现的路径创新

"话语权是决定舆论走向和意识形态地位的权力。"③全媒体时代,开放的信息之后随之而来的是极具风险的传媒运作机制。马克思意识形态话语权功能发挥的传统媒体环境发生了颠覆性的转变,原有功能在新的媒体环境中产生了不相适应的反应。如何应对全媒体传播渠道扩散性、内容碎片化、方式多维性、对象个体性带来的挑战与机遇,如何使马克思主义话语权功能发挥最大化,如何推进马克思主义意识形态话语权的当代建设,是党和国家必须深入思考的问题。

---

① 李静. 全媒体时代下政府形象传播模式改变与问题研究[J]. 视听,2016(08):110-111.

② 崇银凤. 全媒体时代下的公共舆论引导研究[D]. 苏州大学,2013.

③ 张纲. 多元文化场域背景下马克思主义意识形态话语权建设研究[D]. 郑州大学,2016.

（一）建立动态有序的全媒体话语传播体系

以全媒体平台为中心，打造动态有序的马克思主义话语传播体系，坚持"党管媒体"的基本原则。建立有秩序、有弹性、有韧性的全媒体话语传播体系，首先要整合新旧传播媒体多样传播渠道。坚持"一个中心、两个突破、三大原则"，即以互联网为中心，突破网络与纸媒的界限、突破视觉与听觉的鸿沟[①]，坚持整合原则、动态原则、有序原则。通过打造"全媒体"话语传播体系，使马克思主义意识形态话语权可以通过党报、电视、广播、网络等各个渠道，综合文本、图片、视频、音频等多种形式，在任意时间、任意地点，向人们进行话语输出及意识形态教育，最大程度地实现其功能。

中国共产党是我国的执政党，领导和推动着我国的社会主义事业建设进程。作为马克思主义意识形态话语权功能实现的主要推动者和核心领导力量，党在"公共舆论的制造力和主导力方面本身具备传统优势和强势"[②]。党是社会前进的引导者和政策制定的指导者，"全媒体"话语传播体系的构建也因此依赖于党的规划与指引。党要从心理上对网络信息流进行重视，从行动上设立专门的监管部门，对网络传播的不当、不适、不宜内容进行筛选、过滤、限制和约束，整改不符合价值导向和社会规范的媒体行业，构建健康开放的数字交流平台，促进媒体融合与话语整合。只有这样，才能重塑政党形象，促进社会良性互动，牢牢把握住马克思主义意识形态话语主导权。

（二）转换马克思主义意识形态话语表达方式

马克思主义意识形态话语权的强弱与其话语内容和话语表达方式息息相关，从本质上来讲不会有太大的改变，但其话语表达方式却可以随着全媒体平台的建立和多种传播渠道的出现不断创新，不断转变为贴近人民群众生活的、契合人民群众认知的、符合人民群众习惯的具有大众性的话语表达方式。

全媒体时代，马克思主义意识形态话语权在保证必要的权威话语与坚定的价值导向的同时，应加入富有时代内涵和顺应历史发展潮流的内容，在其价值指归上更多地关注人民群众的现实需求，以提高话语的吸引力和凝聚力。同时，马克思主义意识形态话语权表达方式必须进行自我革新，其转变集中体现为"从文本话语向生活话语转换、从精英话语向大众话语转换、从传统话语向现代话语转换、从说事话语向情感话语转换"[③]。也只有这样，

① 李连富. 全媒体环境下高校新闻网如何实现功能最大化[J]. 青年文学家，2012(20)：230 - 231.
② 刘明. 互联网时代坚持党管媒体原则的若干思考[J]. 中共福建省委党校学报，2015(08)：42 - 48.
③ 赵鑫. 新媒体环境下思想政治教育话语创新研究[D]. 兰州交通大学，2015.

才能提高马克思主义意识形态话语权功能发挥的实效性，使其重焕生机与活力。

（三）强化多元环境中社会主义文化主导权

社会主义文化对马克思主义意识形态具有整合和渗透的作用①，其概念本身也包含有意识形态；而马克思主义意识形态话语权功能实现的程度，与社会主义文化的地位与普及性密切相关。在全国宣传思想工作会议上，习近平特别指出，"在全面对外开放的条件下做宣传思想工作，一项重要任务是引导人们更加全面客观地认识当代中国、看待外部世界"。② 全媒体时代，强化社会主义文化建设，坚持社会主义文化主导权，"以社会主义先进文化引导大众文化"③，促进先进文化与马克思主义意识形态建设的良性循环，既是马克思主义意识形态话语权功能实现的历史依据，也是其现实基础。

马克思主义意识形态话语权功能的实现离不开其系统化、理论化、科学化的话语体系，马克思主义意识形态话语体系作为"广大人民群众建设中国特色社会主义的思想精神武器"④，必须具有与时俱进的自我更新和自发展的能力，通过吸收最新理论成果，调整社会关系、化解社会矛盾、平衡社会心理，⑤不断实现自我超越与自我重构。只有这样，才能在多维的传播格局下找准发力点，才能在纷杂的社会思潮中亮星展旗，有效实现马克思主义意识形态话语权的各项功能。

（四）关注大众心理变化与个性化需求

由于新旧媒体的交互影响，传统媒体环境发生深刻变革，受众的心理倾向也在这种剧烈变化中产生新的特征，也正因如此，马克思主义意识形态话语权在其功能实现的过程中，更应该关注人民群众的内在情感需求与心理人格机制，融入更多的人文关怀与心理疏导，为受众搭建对话平台，以受众引导受众。马克思主义意识形态话语权的功能实现过程也是一个舆论传播过程。马克思主义意识形态话语权功能的发挥必须基于人民群众的心理，并且根据受众心理的变化与兴趣点、关注点的变化不断注入新的时代内容，不断创新话语表达。

---

① 薛蓉. 社会主义意识形态功能实现的文化视角[J]. 教学与研究，2009(08)：12 – 16.

② 陈富清. 新闻宣传工作的纲领性文献：学习习近平总书记在全国宣传思想工作会议上的重要讲话[J]. 中国广播电视学刊，2013(11)：14 – 22.

③ 李辽宁. 思想政治教育意识形态功能发挥的规律探讨[J]. 理论探讨，2008(02)：130 – 133.

④ 张纲. 多元文化场域背景下马克思主义意识形态话语权建设研究[D]. 郑州大学，2016.

⑤ 云立新. 论主流意识形态功能与社会冲突化解[J]. 江苏社会科学，2011(03)：841 – 45.

由于全媒体分众化的特征,受众被认为是"真正意义上的传播中心"①。在这一理念指导下,应将"以人为本"的理念贯穿到马克思主义意识形态话语权功能实现的全过程,以促进"个人的全面发展"为根本目的,在整个话语体系、内容、表达、传播机制上彰显人文情怀。只有这样,马克思主义意识形态话语权才能占据全媒体平台的制高点,才能因时顺势地充分发挥其功能,保障我国意识形态领域的安全。

七、结语

全媒体时代是一个守正出新的时代,也是一个趋向融合的时代。随着互联网技术的迅速发展,不再符合时代潮流的传统思维也要随之转变。在各种意识形态"话语"并存与复杂的舆论生态之中,我们必须更加重视马克思主义意识形态话语权的争夺,"不断扩大意识形态工作的覆盖面和影响力"②。而与此同时,马克思主义意识形态话语权要想在新的媒体环境下真正发挥其自身功能,必须接受并积极应对全媒体传播现状,树立发散性的互联网思维,多角度、多层次地寻求新的传播路径,为自己量体裁衣,打造崭新的全媒体话语生产链。只有这样,才能化被动为主动、化风险为机遇、化阻力为推力,在新的历史条件下促进马克思主义意识形态话语权功能的全面实现。

★ 参考文献

[1] 马克思恩格斯选集(第1卷)[M]. 北京:人民出版社,1995.

[2] 马克思恩格斯选集(第2卷)[M]. 北京:人民出版社,1995.

[3] 马克思恩格斯选集(第3卷)[M]. 北京:人民出版社,1995.

[4] 马克思恩格斯选集(第4卷)[M]. 北京:人民出版社,1995.

[5] 列宁选集(第1卷)[M]. 北京:人民出版社,1995.

[6] 列宁选集(第2卷)[M]. 北京:人民出版社,1995.

[7] 列宁选集(第3卷)[M]. 北京:人民出版社,1995.

[8] 列宁选集(第4卷)[M]. 北京:人民出版社,1995.

[9] (美)丹尼尔·贝尔.意识形态的终结:五十年代政治观念衰微之考察[M]. 南京:江

---

① 刘明. 互联网时代坚持党管媒体原则的若干思考[J]. 中共福建省委党校学报,2015(08):42-48.

② 袁世军,王庆杰,李会富. 旗帜鲜明地做好意识形态工作:深入学习习近平总书记关于意识形态工作的重要论述[J]. 求是,2015(08):18-20.

苏人民出版社，2013.

[10] 侯惠勤. 意识形态的变革与话语权：再论马克思主义在当代的话语权[J]. 马克思主义研究，2006，01：45-51.

[11] Ksiazkiewicz Aleksander，Ludeke Steven，Krueger Robert. The Role of Cognitive Style in the Link Between Genes and Political Ideology[J]. Political Psychology，2016：376.

★ 作者简介：银鑫，女，长安大学马克思主义学院思想政治教育专业 2017 届本科毕业生。
★ 指导教师：黄蜺。

大数据时代红色文化传播研究

李国兵

摘　要　红色文化作为中华文化的特有文化蕴含着中华民族自强不息和百折不挠的精神。但是随着云计算的推广，大数据的时代也悄然到来，红色文化在网络文化的冲击下变得岌岌可危。但是网络文化的建设和管理近年来也逐渐引起了党和国家的重视，为日渐式微的红色文化带来了新的发展机遇。本文将对红色文化所面临的困境进行全方位的分析，以及对红色文化未来的传播与发展进行系统的阐述，力求能够对红色文化的传承以及国家文化软实力的提升起到一定的借鉴意义。

关键词　大数据；红色文化传播；红色文化传承

随着信息与通信技术的飞速发展、智能手机的应用与推广以及电子商务的发展，全球迎来了大数据时代——一个数据为王的时代。最早提出"大数据时代到来"的是全球顶级管理咨询公司麦肯锡。麦肯锡宣称，"数据，已经渗透到当今每一个行业和业务职能领域，成为重要的生产因素。人们对于海量数据的挖掘和运用，预示着新一波生产率增长和消费者盈余浪潮的到来。"近年来，国内外数家大型互联网巨头先后投入了巨量资金推动大数据的开发与应用，紧接着几大科技强国也是先后将大数据的研发与应用加入了国家战略发展的层面。

大数据正在不动声色的影响着人类日常生活的方方面面和社会的各个领域，对于作为我国所特有的红色文化在传播的过程中也是面对大数据时代这一全新的环境。研究了解大数据时代给红色文化传播带来的机遇与挑战，成为我们如何把握大数据、传承红色文化所蕴含的特有民族精神的必要前提。

一、当代红色文化传播所面临的困境

在大数据时代，互联网作为红色文化传播的重要载体，不断满足着人民大众对各种信息的需求，但也面临着不可忽视的挑战与困境。

（一）数据驳杂，真假难辨

在市场经济高度发达的今天，社会逐渐走向利益化与商业化。文化，作为人们精神消费产品当然也是不能做到遗世而独立、出淤泥而不染。在当今各大网络平台上也不乏有为了博人眼球、牟取暴利的人利用红色文化来进行恶意炒作。例子1：2013年8月27日，张某在微博发文称"狼牙山五壮士"实际上是几个土八路，当年逃到狼牙山一带后，用手中的枪欺压当地村民，致当地村民不满。后来村民将五个人的行踪告诉日军，又引导这五个人向绝路逃跑。而后，时任《炎黄春秋》执行总编的洪振快发表文章《小学课本"狼牙山五壮士"有多处不实》《"狼牙山五壮士"的细节分歧》，通过对所谓"可信史料"的深度"拼接加工"，故意作出似是而非的推测，引导读者否定"狼牙山五壮士"英雄壮举的真实性。[①]例子2：周文雍夫妇"刑场上的婚礼"至今仍是共产党人的精神标杆，"头可断，肢可折，革命精神不可灭。壮士头颅为党落，好汉身躯为群裂。"1928年2月6日在广州红花岗畔的刑场上，广州起义行动委员会负责人周文雍和当时中共两广区委妇女委员陈铁军同志，面对敌人的枪口，在刑场上从容不迫举行婚礼。陈铁军当场宣布："我们要举行婚礼了，让反动派的枪声作为我们的礼炮吧！"牺牲时，周文雍24岁，陈铁军25岁。周文雍夫妇在他们最美好的年纪，为了人民的自由与解放，大义凛然地献出了自己宝贵的生命。然而，"又被骗了几十年，真相是广州起义失败后，工人纠察总队长周文雍携情妇陈铁军不顾市民生命财产安全四处放火，因故意杀人罪被判处死刑。"类似这样包藏祸心的无耻谣言，竟然堂而皇之地出现在了网络空间里。

（二）传播形式单一

统观我国各大高校，如今都先后建立了红色宣传网站，传播和传承红色文化精神。但是各大高校的红色宣传网站的浏览量却非常少，鲜能看到各大网站更新专栏与文章。各大高校的宣传还是停留在组织学生观看相关纪录片或者经典红色影视片，然后要求学生撰写相关感想与感受，对此方面的考核也是草草了结，完全不能对学生产生教育警示作用。仅此一种宣传方式长此以往必会引起学生的厌学心理。

（三）红色文化传播与时代的信息鸿沟

目前我国各大红色宣传阵地大都带有强烈的时代特色，首先是其内容老旧、枯燥，空话、套话较多，基本以空洞的说教为主。就像如今的朝鲜以洗脑式口号来进行宣传，脱离了广大人民群众的现实生活，不接地气。相当一部分的红色网站以革命先烈的光荣事迹为主，不能将现当代的一些个人英雄的光荣事迹融汇到红色文化宣传体系之中。当代红色文化传播与时代脱节严重，不能做到与时俱进。

---

① 摘自新浪微博.

（四）传播的时效性低下

生活在改革开放以后和平时代的部分青年学生对红色革命精神的学习不积极，对红色文化的概念界定不清，对传播与传承红色文化精神的积极性不高，甚至否认革命先烈对创立中华人民共和国的巨大贡献。不愿积极主动参与社会公益活动，更有些人甚至质疑红色文化的当代价值，认为红色文化精神是革命年代的产物，生于和平世界的当代人已经不需要了。红色信仰缺失，以致红色文化认同出现巨大危机。[①]

二、大数据时代带给红色文化传播的机遇

大数据时代的来临，互联网基础架构的成熟，云计算技术的助推，催生了一系列新的运营模式。大数据最具代表性的特征是收集和分析来自各类终端和应用的用户信息，通过组织或研究团队的智能分析，可以得知用户所感兴趣的信息并将其准确地推送给用户。红色文化亦可以搭乘大数据时代这趟顺风车得到更好的传播。

（一）红色文化传播资源的极大丰富

近几年以来，各级政府部门也渐渐开通了网络问政信息口，随着大数据云计算、互联网、局域网、信息数据库的逐步完善和升级，各种与红色文化相关的文章、图片、视频都进入了井喷式的发展阶段。中华民族的优秀传统文化是各个时代的精华，作为近代以来鼓舞着一代代中华儿女英勇奋进的红色文化精神，是用鲜血来铸就的文化遗产。在现代信息技术的支撑下，各类具有收集、整理、保存、教育、传播等多功能为一体的红色文化云数据资源库进入了紧锣密鼓的建设之中。

改革开放以来，社会矛盾从人民的物质生活需求与社会生产力的矛盾转变为人民日益增长的精神文化需求与社会落后的精神文化建设之间的矛盾。大数据时代的到来更是加剧了社会各阶层人民思想之间的碰撞，微博、微信、QQ等各大社交软件的普及成为了人们信息交流的良好平台。革命年代的实际经历者以及红色革命先烈的后代借助网络媒体活跃在各大平台上每天都有数以千万计的信息数据的产生，这都将是红色文化挖掘的宝贵资料。

（二）数据分析走向精准化

人们的需求一直是千百年以来困扰着我们的一个大问题，而大数据时代的受众分析无疑是给我们提出了一个切实可行的方案。

"数据是信息的载体，数据本质是人，分析数据就是分析人类族群自身"。[②]在互联网高度发展的今天，人们每天都能够在网上产生海量的数据，在云数据技术库技术的支撑下，

---

① 陈沐岸. 浅谈如何走出我国"红色文化"传播的误区[J]. 江西科技学院学报，2014(01).

② 托马斯·克伦. 数字人类学. 北京：中央编译出版社，2007：46.

这些海量的数据都被准确地记录下来。这些数据承载着个体之间的情绪爱好、思维方式、行动倾向等，通过对这些数据的准确分析，能够让我们了解到一位位个性鲜活的个体的同时也有利于红色文化传播的个性化。譬如，微博、人人网、开心网、豆瓣网等，当用户点击这些社交媒体的分享按钮，就能把其从网站中看到喜爱的、关注的内容一键分享至自己的社交圈。通过这种社交分享按钮的应用，资讯类网站可以对用户进行标签化通过对用户标签的数据分析、挖掘及解读，网站可以进行后续的个性化内容的推荐，能够达到精准营销的效果。[1][2]

以腾讯网举例，其个性化布局包括了社交媒体分享按钮、相关内容推荐、24小时阅读该文章用户还看过什么、热门推荐五大板块。这些个性化内容推荐的实现正是基于其对用户的行为进行数据分析、挖掘而实现的。红色文化亦是可以基于如此强大的数据分析来实习传播的精准化，人性化。

（三）基于文化传播的趣味化

大数据技术能够大大提升传播内容的趣味性，这一点在新闻传媒业的一些实践中得到验证。国内比较有影响力的尝试是2018年的一个短片《中国一分钟》，在这种新形式的报道中，数据化的新闻内容、故事性的画面表达以及可视化的身临其境式的场景突破，都给观众以极大的冲击力，是使用大数据的技术对信息进行传播的成功案例。在数据传播实践中，还有一些其他形式的可视化优秀代表作品，如可查询的交互地图、信息图和动态图表以及其中近几年颇为受欢迎的3D立体音效和VR影像技术的结合。VR影像和3D立体音效环绕技术的结合可以是体验中能够完全融入到模拟环境中，以数据化的信息来讲述历史上真实发生的某一场景，能够更深地感受在那个艰苦年代，共产党人是如何焕发出不屈不挠的精神和勇往直前的大气概。这些都能以合适的方式用于红色文化间的传播交流中，将会极大地提高传播内容的趣味性和说服性。

三、大数据时代红色文化创新传播的探索

大数据时代虽然给红色文化的传播带来了一定的机遇，但是也伴随着挑战。如何面对机遇与挑战成为我们不可逃避的话题。俗话说，变则通，通则达，一成不变必将被社会所淘汰。这就要求我们树立大数据意识，利用现有科技技术创新红色文化传播形式，为红色文化的传承贡献我们的绵薄之力。

（一）坚持创新发展理念，提升红色文化传播的原创力与生命力

目前红色文化传播面临的一大困境就是教条主义的盛行，其传播内容和传播形式大多

---

① 周小不. 大数据时代 互联网＋文化产业[J]. 青海科技, 2016(04).
② 徐文峰. 大数据技术对新闻业务的影响研究[J]. 新媒体研究, 2016(20).

是上个世纪的产物，缺乏变通，无法与当今时代潮流相适应。虽说在大数据时代各种红色文化资源有所增加，但其质量堪忧，要想优化红色文化内容首先要有刮骨疗伤的心态，对红色文化进行合理的裁剪、优化、升级。

大数据时代数据存储和数据分析技术突飞猛进，在这个"数据为王"的时代，只有全面掌握数据才能作出正确的决策。全国各地红色基地更应该熟练运用新媒体传播工具，掌握红色文化资源库以及网络上出现的各种与红色文化相关的信息数据，并对其进行系统全面的分析，把握这些数据与人民大众需求之间的联系性，并对人民大众进行积极的引导。

（二）坚持协调发展理念，发挥红色文化传播的整体效能

面对全国各地轰轰烈烈开展的红色文化旅游胜地建设运动以及各自为战的宣传传播体系，我们不得不考虑其带来的一系列影响。各自为战的宣传传播体系不仅造成了同行业间的恶性竞争，而且也造成了资源的极大浪费。协调发展不只是红色地域区块链接的整合，更是红色文化传播体系的整合，在大数据时代，我们可以运用相关科学技术对我国海量的红色文化信息以及各大新媒体宣传系统进行整合，并进行更深层次的细化与探究，打造新时期红色文化传播新媒介，实现红色文化传播的整体效能。

（三）坚持绿色发展理念，净化红色文化传播的社会环境

大数据时代是个多变的时代，每天都有海量的数据通过个人微端接入互联网，从而进入云数据库，这些数据的质量参差不齐，往往需要人们在获取这些数据的时候加以辨别，但是因为每个人接受的教育水平不同，往往会有人被这些偏激的内容带偏，这就要求我们在红色文化的传播过程之中对这些数据加以分析整合，剔除有损红色文化及其他违反国家安全和法律的相关信息数据，并对恶意发布和传播相关信息数据的个人和组织予以严厉的惩处。净化红色文化传播的社会环境不是个人、组织、政府单方面来进行的，而是应该进行一次"四位一体"的净网行动打造绿色生态数据体系，并将其对受众人群进行准确的投放，以此来达到传播红色文化和传承中华优秀传统文化的目的。①

（四）坚持开放发展理念，凝聚红色文化传播共赢合力

面对我国各地的红色区域地方保护主义盛行的问题，我们应该树立开放并容的思维，在传承中华优秀传统文化的同时，利用大数据时代的科学技术加强各区域之间的交流与沟通，团结协作互利共赢，避免因为信息隔阂而产生红色文化认同危机。

（五）坚持共享发展理念，实现红色文化传播的共建共享

大数据时代，每个人都是思想的建设者与传播者，思想和文化不再是一家之言或者是敝帚自珍。在红色文化的传播过程中，我们只有牢牢把握共建与共享的辩证法，在全社会

① 吴果中，聂素丽. 论新媒体语境下红色文化传播网络的建构[J]. 湖南行政学院学报，2015(03).

营造人人参与、人人尽力、人人享有的良好环境，以共享引领共建、以共建推动共享，才能厚植发展优势、凝聚发展伟力、提升发展境界。大数据时代，互联网和新媒体每天都有新变化、新发展，共享平台也日益增加，坚持共享发展，既追求人人享有，也要求人人参与、人人尽力，人人都为红色文化的传播和中华优秀传统文化的传承贡献出自己的力量。①

大数据时代的到来是社会发展的必然方向，红色文化的传播应积极应对这一时代的到来，红色文化传播者应强化大数据意识，利用大数据技术，在充分了解受众需求的基础上，优化传播内容和方式，构建立体化和多维度的红色文化传播体系。

★ 参考文献

[1] 蒋谦，覃国慈."全媒体"语境下舆情工作的新特点和新思路[J]. 江汉论坛. 2012 (08).

[2] 秦国杨，邓小明. 新媒体时代沂蒙红色文化的传播[J]. 青年记者. 2017(23).

[3] 贾士倩. 数据时代中国文化产业的转型之路[J]. 新闻研究导刊. 2017(02).

[4] 黄立新. 以挖掘红色文化资源促进烟台文化产业的发展[J]. 理论学刊. 2016(02).

[5] 郭泽德，徐永泉. 新媒体语境下城市形象传播的现实困境与提升路径[J]. 唐山师范学院学报. 2013(03).

[6] 张造群. 文化产业视域下优秀传统文化的现代价值[J]. 社会科学战线. 2017(08).

★ 作者简介：李国兵，男，长安大学马克思主义学院思想政治教育专业 2016 级本科生。
★ 指导老师：杨超。

---

① 王萌萌."大数据技术＋"与人力资源量化管理的研究展望与多维分析[J]. 天水行政学院学报，2016 (02).

社会实践增强大学生思想政治教育实效性研究

张亚兰

摘　要　社会实践作为提高大学生思想政治素养的有效途径之一，具有形式多样、内容丰富的特点，在增强大学生思想政治教育的实效性方面具有不可替代的地位和作用。本选题立足于思想政治教育理论知识，研究大学生社会实践的相关内容，厘清大学生社会实践和思想政治教育的概念及其关系，将理论知识与社会实践相结合，进一步认识和强化社会实践在增强思想政治教育实效性中的作用，发现问题并且探讨新形势下大学生思想政治教育社会实践的新途径，以增强大学生思想政治教育的实效性。

关键词　大学生；社会实践；思想政治教育；实效性

前言

十九大报告提出："广大青年要坚定理想信念，志存高远，脚踏实地，勇做时代的弄潮儿，在实现中国梦的生动实践中放飞青春梦想，在为人民利益的不懈奋斗中书写人生华章！"社会实践好比一个"大熔炉"，青年要在社会实践中着重总结人生经验、丰富社会知识、重视实践，通过不断磨炼从而获得能力的提升。

大学生作为我国高等教育培养的综合型人才，肩负着全面建成小康社会的历史重任，需要满足社会主义事业发展过程中不断提出的新要求。高品质的思想政治教育是培养优秀人才的基础，是高等教育的重要组成部分，而高校是我国培育现代化建设的中坚力量的主阵地。在当前飞速发展的社会环境中，高校固有的思想政治教育方法已不能使大学生的思想政治教育达到预期效果，这严重影响了大学生思想政治教育的实效性，完全不能满足时代飞速发展的要求。

为了强调社会实践对于大学生思想政治教育的作用、突出社会实践的合理性，就一定要搞明白目前高校开展实践活动与思想政治教育的内在关联，找出目前存在的问题，结合最新的思想政治教育理念，提出具体的社会实践方案，以便更好地增强大学生思想政治教育的实效性。

一、概述

（一）大学生社会实践概述

"马克思主义哲学认为，实践是人们有目的地改造和探索物质世界的一切活动。"实践是人类认识活动的最终归属，它不但对人们日常社会中的行为习惯有重要影响，而且对人生观、世界观与价值观的养成具有重要意义，其发展的历程同时也是整个人类文明的进步阶梯。

"大学生社会实践是指由高等学校和社会有关单位对在校大学生共同实施的一种有目的、有计划、有组织的，融思想教育、业务教育和社会服务于一体的实践教育活动。"当前各高校内所进行的相关实践活动不但拥有人类实践活动的基本环节、基本方案及基本特点，而且存在体现其特性与相关行为不可比拟的意义。首先，高校实践活动以教育与提高大学生的社会实践本领、创新意识和思想道德素质为宗旨，以高校为主导，是一种较有特色的教育活动形式；其次，我国高校针对大学生所开展的实践活动也是一种能够充分调动学生积极性的项目，其具体开展会进一步结合实际状况而进行，其活动环节能够深入挖掘学生的个人价值。

（二）思想政治教育实效性概述

"大学生思想政治教育的实效性，就是指高校按照大学生思想政治教育目标和教育内容的要求，结合大学生思想、心理和行为的实际特点，对大学生开展思想政治教育活动，其活动的结果即大学生思想政治素质、道德品格和心理素质所达到的真实有效的程度。"简而言之，思想政治教育的实效性，就在于能够进一步实现教书育人的目的，让学生能够在学习知识的同时，形成正确的人生观、世界观、道德观、法治观、政治观等，成为新时代社会所需的综合型人才。这不仅是大学生人生历练的开始，同时还是大学生实现人生目标的灯塔。

概括来说，思想政治教育的实效性主要分为个人实效和集体实效。首先谈其个人实效，它是指通过不断参与思想政治教育活动，主抓学生品德的健全和个人的成长，将思想政治教育的教学效果直接内化成为学生个人的思想政治素质。二是它的集体实效，是指思想政治教育以推进社会主义物质文明和精神文明的进步、构建和谐的生活空间，从而进一步推动国家、民族、个人的综合发展为目标，着重点更倾向于社会的集体实效。因而，组织大学生思想政治教育活动，也是主要用于实现以上两个方面的实效性，从而达到个人和全社会共同发展的目标。

（三）社会实践和思想政治教育的关系

"中共中央、国务院在《关于进一步加强和改进大学生思想政治教育的意见》中明确指出，'社会实践是大学生思想政治教育的重要环节，培养品格和增强社会责任感具有不可替代的作用'。"归纳总结，即大学生思想政治教育应当包括理论教育和社会实践两个方面，准确理解和掌握它们之间的关系，旨在进一步提高对大学生社会实践必要性的理解，特别是对能够准确掌控现在大学生思想政治教育的发展状况以及对不断健全高校学生的实践活动，具有不可取代的重要意义。

思想政治教育以下简称"思政教育"与社会实践的关系体现在以下几个方面：

第一，目标一致性。按照以往的教育活动模式，思政教育通常采用灌输式的教育方式进行传授，目的在于让受教育者形成满足社会经济发展标准的政治、经济素养等。所谓社会实践，通常是指受教育者运用实践活动所产生的人生感悟，使自己的人生观与处世观在社会日常的实践活动中获得发展，从而增强对思政教育活动全新的解读与感受，以便形成良好的身体素养、思想内涵、道德素养等。因此，二者的目标具有一致性。

第二，逻辑循环递进。思想政治教育与社会实践的逻辑关系十分密切。二者在相互转换时，实践活动必须受制于客观现实，以一定的认识与意志改变客观世界。对于高校学生而言，运用实践活动所得到的知识可进一步升级为意志理念，对不参与的人来说效果会大打折扣。所以说，二者在逻辑上是一种"由理论到实践，再由实践反馈理论"而形成的不断循环、逐渐递进的关系。

第三，内容、形式上的互补性。在目前的思想政治教育形式下，大多时候是由教育主体去发挥其积极能动性，然后将理论知识进行灌输式教育，而受教育者只能被动接受，并没有通过自身实践的检验，因此其主观能动性不能得到更好的施展。通过参与社会实践，实践主体可以把抽象的理论知识转化为人生经验，从而直接运用到社会生活中，再结合社会实践的直接接触，使得自己的思想认识得到提升和完善。所以说，二者的内容与形式是互补的。

二、社会实践增强大学生思想政治教育实效性的具体表现

进行社会实践活动不仅是我国现行思政教育的重要环节，而且对提高思政教育活动的有效性与针对性有着不可忽视的意义与作用。这种意义与作用从以下几个角度能够得以具体说明。

（一）明确了大学生思想政治教育的目的

"受目前社会发展的客观需求、党和国家的奋斗目标、受教育者的思想实际这三方面因素的制约，现阶段我们思想政治教育的最终目的就是提高思想道德素质，增强人的全面发展，激励人们为建设中国特色社会主义，最终为实现共产主义而奋斗。"

社会实践活动引导大学生思想品质中的精神素养，其关键表现在拼搏意识、文化素养与努力工作等多方面。特别是"努力工作"和"团队意识"至关重要。在团队中不仅要懂得沟通和协作，更要理解他人，关心和帮助他人。在社会发展的攻坚时期，要亲身参与到实践中去，了解和认清社会，摒弃错误的思想观念，始终坚持正确的思想道德品质，艰苦奋斗。

在社会实践的不断磨炼下，大学生能够学会明辨是非，正确认识我国国情和社会主义的目标；深入了解我国的社会发展政策，对我国社会主义的发展充满信心，进一步推进社会主义发展；紧跟我党的脚步，学习党的相关方针与政策；深刻认识自我价值的实现是离不开社会团体的，要处理好个人与社会的关系。大学生通过参加集体社会实践，能够不断与他人磨合，丰富自己的认知，努力获得实践道德，使自己成为现代化社会需要的高素质人才。

（二）突出了大学生思想政治教育的核心内容

进一步推进高校实践活动，探索思政教育社会实践的关键要素，为提升高校学生思政教育给予了重要的依据。学生参与社会实践活动是高校思政教育培养的主要项目之一，同时也是丰富学生日常生活的重要组成部分。

思想政治教育的内容主要包括世界观、政治观、人生观、法制观、道德观五个方面。世界观决定着人的思维方式，同时也影响着人的人生观和价值观的形成。人生观和价值观的正确与否，对整个社会的进步和发展都有着重要的影响。正确的、科学的、进步的人生观可以培养人们吃苦耐劳、自强不息、乐观向上、开拓进取的精神和助人为乐、清正廉洁、顾全大局、无私奉献的品格。社会实践活动主张理论与实际相结合，并且注重实践的科学性：其能够培养高校学生主动获取思想政治教育的相关要求，愿意用合理的理论方法融入生活当中，将主观意识融入客观世界，在实践中营造良好的世界观、人生观和价值观。通过参加社会实践，大学生可以亲身接触和体验，从而形成爱国、敬业、诚信、友善的社会主义核心价值观。

高校推行的教育活动必须紧跟时代主题，在事实基础上求真务实，注重教学理念和信念，引导大学生更多地关注国家、社会的发展。激发中华民族的整体爱国热情，培养强烈的社会责任感，不断追求自身价值的实现；同时，也要遵守法律法规，做遵纪守法的好公民；从社会实践中体会中华民族的传统美德，弘扬并发展中华文化，做新时代的优秀进步青年。

（三）搭建了大学生思想政治教育的新平台

当今世界所要求的人才要有很强的爱国主义与集体主义精神，而不单纯具有文化知识与理论。大学生社会实践活动是培养人才的有效途径，为高校思政教育的进一步发展给予了开阔的平台。大学生志愿服务为青少年成长开辟了新的空间，成为学生工作的重要组成部分，有效补充了传统的书本教育方式和平台。社会实践活动既能给大学生提供走出去参加实践的机会，丰富他们的生活，同时也可以使大学生积累丰富的实践经验，了解基层、了解现实，创新自我。

（四）转变了大学生思想政治教育主客体地位

思想政治教育要特别强调学习的知识与具体社会相关联，将教育知识和社会活动加以融合是教导学生最合理的方式。实践活动和学校授课相比较具有较高的适应性与灵活性，高校社会实践活动从多个角度探寻，转变了思政教育主客体地位，形成了一套与现行大学生思政培养要求相符合的大学生实践活动方案，并切实加以贯彻落实，使大学生能够从课堂中走出去，到社会中亲自参加和感受，将大学生从单纯的接受知识的教育客体转变为参与到其中的教育主体，发挥其主观能动性，主动去发现、观察和总结并加以应用，内化成自己的知识。

（五）增强了大学生思想政治教育的作用

当代大学生是在较为优越的环境中成长起来的。相比于国家的国情、省情、乡情等一些社会问题，他们往往更倾向于认知自我、以自我为中心。对外界很少关注，对落后地区农村更是缺乏深厚感情。现在，通过参加学校组织的社会实践活动，如下基层、帮扶老人、山区支教等，能够让大学生自觉履行义务，推动高校大学生对我国传统精神文化的热爱，培养大学生坚韧不拔的意志品质，唤醒其爱心，使他们的高尚情操得以升华，以实现道德和人格的充分完善。

同时，通过社会实践活动，能够让高校学生进一步发现自身在社会实践能力与文化素养等层面仍然存在缺陷，以促进大学生能够持续接受教育、增强社会实践能力、培养全面发展的个人意识。参与实践后，大学生在思想上会由以往的"要我学"变换为"我要学"，学生通过这些不但能够提升其专业课的培养意识，也会对思想政治教育产生更浓厚的兴趣。

此外，推行普遍的大学生社会实践活动，能够使大学生进一步发现自身的能力与实际要求间的差距，客观地重新认识自己，评估自己。大学生不仅要具备思考、沟通、评估和判断的能力，还要具备批判性思维和创造性思维。掌握这些技能并开展社会实践活动是培养和发展广泛联系、认知能力、创造力的必要条件。大学生不仅要掌握理论知识和操作技能，还要保持心理健康和身体健康。

三、社会实践在增强大学生思想政治教育实效性中存在的问题

我国高校开展思想政治教育以来取得了一定成果，但是它在现实中也确实存在一定问题。长期以来，我国高校思想政治教育的形式比较单一，仅局限在课堂和校园内，方法和内容受传统教育观念影响单调且枯燥，已逐渐不被社会现实所需要。目前很严重的问题是学生不重视思想政治教育课，也不重视其推行的社会实践活动，以敷衍的态度应付，存在的问题具体体现在以下几个方面。

（一）大学生缺乏参与热情

大学生对社会实践活动缺乏参与热情，这不仅是因为大学生一直以来对思想政治教育的轻视，也是由于当代大学生的实践能力不足。对此，学者汪淑娟在文章中指出，"大学生参与社会实践活动还是以一种'被参与'的方式进行。学生普遍认为这是学校的要求和任务，而不是一种自发、自觉、主动去参与的活动"。

首先，大多数学生还有着只看重书本知识、不在乎动手实践的想法。这是因为在应试教育的体制下不论是学校、老师还是学生都受传统教育观念影响，更看重书本知识，认为实践活动就像是面子工程，并不能使自己受益多少，反而浪费时间。所以，在组织大学生参与社会实践活动时，会出现学员没有很高的积极性，不愿意主动参与。主动参与的学生却是因为参与者可评优或者拿到奖学金等原因才参与的，而不是因为活动本身的目的和他们所能学到的一些良好的品质和道德。这使得思想政治教育社会实践流于形式，效果、作用大打折扣。

其次，当代大学生劳动能力较弱，动手能力缺乏。他们大多是家中的"皇子"，是在"温室"中长大的。家庭的呵护使他们不愿意动手去做和承担，很多社会实践活动是要求下基层、深入农村的，从小在城市长大，没有吃过苦受过累的孩子怎么会心甘情愿去农村当志愿者呢？这是他们不愿意参加的主观因素之一。与基层民众有距离，导致对国家基层情况缺乏认识，无法了解到广大劳动人民勤劳耕作的优良品质，丧失与劳动人民的情感基础，还何谈服务人民回馈社会？同时，大部分大学生都是独生子女，他们个性张扬，缺乏一定的集体与合作意识，无法处理好个人和集体的关系。因此，当代大学生更需要参与社会实践，加强思想政治教育。

（二）实践内容形式缺乏创新

长期以来，受传统的思想政治教育理念影响，社会实践活动内容局限于红色文化的弘扬、爱国主义教育、核心价值观教育等，形式也趋于雷同，没有创新，不能给予学生独立的、个性的创造发展空间。对此，学者曹东辉在文章中指出："目前高校的大学生社会实践活动较多，但在不同程度上存在内容单调，形式比较单一的问题。"

大多数高校的社会实践报告总结得有声有色，而和实际的过程大相径庭。甚至有些同学为交差拿学分，在开学前随便找个地方在实践报告上盖个章，编写一些实践活动内容就应付过去了，没有丝毫的意义可言，也没人去追究开展实践活动的目的何在，导致大学生社会实践活动几乎零质量。还有很多高校的社会实践活动依然在校内进行，与社会几乎没有联系，这当然与实际情况存在巨大差距。

"大学生毕业后一般在1～1.5年才能适应并且独立完成工作，这与知识经济时代复杂多变的社会对人才综合素质要求的提高，与我国高校目前的培养模式单一、大学生普遍缺乏实践能力之间的矛盾息息相关。"进行这种没有层次、没有效率的社会实践活动，不仅不能对大学生提供任何有益的帮助，反而使大学生成为了最廉价的劳动力，扩大了社会实践中的功利因素，给大学生留下不好的印象，不愿意参与。可见，开展一些具有创新性的实践活动刻不容缓。

（三）实践开展缺乏连续性

受学校、社会、政府的各方面客观因素的影响，大学生思想政治教育社会实践活动次数大多局限于一次或者两次，不能长期持续地开展，对此，学者刘天成在文章中指出："开展社会实践过程中只是走个过场，活动的参与度很低，活动结束后不做总结反思，没有对实践活动的持续性规划，导致实践活动成为'形象工程'，不能达到开展社会实践本身的目的，没有对社会实际问题的深入分析和研究，更达不到提出解决问题对策的效果。"

专业实习大约安排在大三进行，毕业实习安排在大四进行，时间为 2～4 周，一份工作从熟悉到掌握最短也要三个月，这说明大学生不论在何种实习岗位，也都是刚刚熟悉了工作环境，实习就结束了。长此以往，学生们对社会实践的兴趣只会丧失殆尽，社会实践中的思想政治教育也就无从谈起了。因此，要使大学生在社会实践活动中的思想政治教育不断得到强化，就必须要保证社会实践活动的连续性。应使得大学生的社会实践活动贯穿于整个大学四年生活，以实现其日常化和多样化，这样才能为思想政治教育的连续性提供保障。

（四）实践目的针对性不强

目前高校在社会实践活动中进行的思想政治教育力度依然不够，并且严重缺乏针对性，对此，学者施莉琴在文章中指出："目前部分大学生社会实践只是敷衍了事，表面文章……育人功能缺乏一定的针对性，导致育人目标的实现程度十分有限，甚至一点也没达到目标。"

一方面，思想政治教育要与社会实践活动有效地配合，并贯彻始终。社会实践从宣传、开展到总结都要围绕着思想政治教育的主题，但是现实是在社会实践活动开展之前并没有人去在意活动本身的目的、作用、价值以及它想传达的精神，也就导致了在活动开展时大学生只在意做与不做、以什么形式做的情况，在做总结时也是摘抄借鉴，糊弄了事，没有达到社会实践活动最开始想要达到的目的。

另一方面，学科和年级也大大影响着社会实践活动的开展。不同年级、不同专业的学生所想要提升的品性与技能也是大相径庭的。比如理工科的学生更注重专业技能的培养，对于他们来说，掌握画图、制图、制作三维效果图的能力是他们日后工作的必备条件。而对于文科生来说，他们日后从事的工作有可能是育人的，有可能是从政的，所以他们更需要的是关注国情、社情、人际交往等技能。针对不同年级、不同专业，培养的目标和方向要满足大学生的需求，要有针对性地施教。就目前大学生思想政治教育社会实践的现实情况来看，没有针对性，都是统一对待，自然达不到预想中的效果。

（五）制度建设和保障体系不完善

虽然高校曾进行了大量的研究，并取得了某些成果，形成了一些基于社会实践的相关经验，且归纳了几种合理的培养模式，但在现实的大学生社会实践活动开展过程中，在提升高校思政教育的质量与效率方面还有很大的缺陷。目前高校大学生社会实践制度建设仍不够完善。据统计，绝大部分高校缺乏配备大学生社会实践活动开展的专项基地，基于实践活动的项目规划、流程安排以及所要实现的目标都缺乏一定的制度体系，随机性偏高。对此，学者谢莉在其文中认为："高校实践培养活动是一项有计划、有目标的繁复流程。很多院校对于内在体系发展抓不住项目核心所在，尚未形成动态管理运行互动体系，没有相关的过程防控流程以及相关质量评估体系等。"

为此，我们必须从主观和客观两个方面找原因，探索并形成一整套与当前大学生思想政治教育要求相适应的大学生社会实践制度，并切实加以贯彻落实，特别是要在大学生社会实践制度建设、基地建设、师资培训、过程管理、经费保障等方面加大投入，完善大学生社会实践教育的各项制度和保障体系。

四、社会实践增强大学生思想政治教育实效性存在问题的成因

我国思政教育目标的实施主要由学校负责完成，家庭和社会的思政教育任务并没有获得进一步的明确。由于大学生社会实践涉及的方面较多，范围较广，所以其问题形成的原因也要从多方面去分析，主要由以下几个方面组成。

（一）大学生自身的认识缺陷

大学生社会实践的主体在教育、环境等因素的制约下，出现了"鄙视劳动，轻视劳动，只有我第一"的现象，他们拥有正确的人生观、世界观、价值观，但不知如何应用和发扬这些良好的意识品德。因此，他们更加需要去设身处地地参与到社会实践中去，通过实践检验真理；一些学生不明白参与社会实践活动的目的，参与的积极性不高，不情愿做这些事，但是还得应付学校布置的任务。此外，作为社会实践活动的组织者，一些学生干部缺乏应有的组织能力、语言表达能力、社会沟通能力和分析问题的能力，他们一旦在社会生活中遇到实际困难，就会不知所措，这也在一定程度上限制了社会实践活动的有效实施。

（二）实践活动内容新意缺失

当前部分高校大学生的实践活动虽然丰富，但与实际生活不相匹配，现实生活与学校实践教育存在很大差距，并且实习机会不多。同时，许多高校会要求各级系部学院引导学生对社会实践活动进行总结，为完成任务，大多数高校的社会实践形式基本一致，模式单一，内容缺乏新意，个性发展空间不够，往往比较沉闷无味，许多学生被迫在学校的帮助下进行实践，并在实践报告表格中随意加印盖章，水分较大。此外，社会实践内容有限，缺乏

实质性内容，与实际名称不一致；大学生社会实践活动仅在小范围开展，夸大实践质量。

（三）实践活动开展收效甚微

有些高校学生对学校安排的实践活动认识度不足，他们觉得参加这些实践活动没有什么意义，只是走走过场，完成老师强调的作业而已；更有一部分学生认为，实践等同于盖章，使"盖虚章、盖假章"的情况越来越严重，开学前随便找一个单位盖章，从而躲过导师与学校的检查。同时，部分高校的社会实践项目漫长而落后，缺乏实际作用与教育意义，毫无价值。此外，大多数社会实践利用学生假期由他们自行开展，导致大量的实践内容草草了结，造成社会实践活动的短暂性和不连续性。

（四）实践活动目的认识偏差

在当代社会中，许多学校只重视学生的学业问题，却忽略了学生们思想方面的教育问题，认为社会实践这种活动对于学生来说并没有太大的用处。因此，有的学校平时只是把社会实践作为大学生日常生活的补充，当领导视察工作时有作业可供检查；还有的高校觉得学生进行了一系列社会实践活动后，就等同于进行了一系列思想方面的教育，认为社会实践就是平时说的思想政治教育，通过对其进行引导，就可以让大学生从实践中接受所谓的启迪，思想得到升华，这个想法是有所偏颇的。更有甚者，觉得思想政治教育是社会实践问题的引导，而忽略了大学生的思想政治教育是贯穿于整个社会实践活动过程中的，从而导致这些高校一直不太清楚思想政治教育社会实践活动设置的初衷。

（五）监管和保障体系的不足

从社会实践的领域来讲，其活动范围十分广泛而繁琐，包括了与学生、老师以及学校管理相关的所有活动，如果只是让其中的一部分来独挑大梁，这几乎是不可能完成的。首先，我们都清楚高校中学生众多，而学校方面却没有与学生相匹配的管理力量，在对每一个学生的活动检查中无法做到尽善尽美，没有办法做到令众多人满意。其次，涉及社会方面的实践问题，会充满许多未知的风险，使这些活动无法完满实施，例如大学生的人身安全、活动花销等，这就需要我们集社会、学校、政府等多方面力量，加强监督和保障。

五、社会实践增强大学生思想政治教育实效性的有效途径

经过多年的改革与发展，我国在大学生思想政治教育方面有了一定的成效，但是面对飞速变化的社会现状，思想政治教育社会实践也存在各种问题和弊端，应该引起各方面的注意。社会各方应积极发现未来人才的发展要求，并对他们给予一定的鼓励和帮助。

针对上文论述的关于大学生缺乏参与热情、实践内容形式缺乏创新、实践开展缺乏连续性、实践目的针对性不强、制度建设和评价体系不完善等问题，我们可以从以下多个方面对问题进行详细的解决处理。

（一）提高大学生对思想政治教育社会实践的认识力度

1. 高校要加强对大学生社会实践的关注和引导

作为大学生社会实践的组织者和实施者，高校要更加重视社会实践对增强大学生思想政治教育实效性的作用；深入了解开展实践活动的意义和目的，把它当作学校进行学生思想政治教育的一项重要工作，对活动进行详细计划；要对学生进行一系列指导教育，让大学生们发现通过社会实践活动，自己不仅可以收获技能还能收获道德品质、精神素养等无形财富。同时，学校还应该采取一系列措施让学生加强认识，比如将实践活动列入必修课，提高其成绩比重等。

2. 加强宣传教育，使大学生树立正确的实践观

要想以一种正确的态度看待一件事情，就要有一个正确的认知。因此，大学生通过接受思想政治教育，树立正确的实践观，理性地看待社会实践。高校要以学生接受和喜欢的方式，生动、形象地的宣传社会实践活动，使他们明确社会实践的目的和意义，重视社会实践对自我发展的重要影响和作用，动员大学生们主动深入到社会实践中去，树立正确的实践观。

3. 整合社会资源，为大学生社会实践提供条件

社会实践有序高效地完成离不开社会资源的配合，高校应与社会企业协调配合，为培养大学生的就业竞争能力创造条件，为大学生在社会各界提供相应的实践条件。通过一系列发展措施，让高校能够集中资源，与企业相互协作发展，使得双方受益，从而拓宽大学生发展的平台，让他们在实践中锻炼，在锻炼中成长。

（二）创新大学生思想政治教育社会实践的实践方式

1. 创新社会实践方式，拓宽思想政治教育社会实践覆盖面

首先，要在培养方案中明确提出提高学生参与的积极性，并且明确大学生参与活动的次数，例如一学期或者一个月的次数。

其次，提高思想政治教育社会实践的针对性，需要通过调查发现不同阶段、不同专业的大学生所真正需要提高的技能和素养，有所针对地进行分析和设计，开展活动，让每一位学生最终都有所收获。

最后，教育的最终目的在于让学生有所醒悟，积极从自我做起。由于学校资源有限，无法时刻督促学生进行实践，因此实施有所限制，但可以发展一些以学生为主体的团体，让学生去管理、监督学生，最终实现学生自己发展实践的局面，有效解决学校资源短缺问题。

2. 在社会实践中探索虚拟实践教育方式

近年来，我国的科学技术发展迅速，通过利用现代新兴虚拟技术能够进一步实现社会实践的全覆盖，能解决资源短缺、基地匮乏、安全保障等很多问题。"'虚实结合'是大学生社会实践的发展趋势，它弥补了实践教育中实习设备少、实习条件不足的缺陷，也对减少资源的浪费具有积极作用。"虚拟实践有着丰富的形式，各高校目前逐步建立网上青年之声互动社交平台，立足于中国的社会现实，关怀当下中国青年的现状，探索中国的未来。把网络虚拟技术与高校大学生社会实践活动相结合，让大学生产生兴趣，从而达到思想政治教育的目的。

（三）促进大学生思想政治教育社会实践的连续开展

社会实践活动不能仅局限在校内小范围地开展，而要使大学生置身于社会的大环境。既然如此，我们必然要考虑到活动场地的问题，这是整个活动的基础。要使其能够连续开展，就要重视场地的选择与发展，确保整个活动能够长期而又平稳地继续发展。实践场地的选择与发展有着许许多多无法预见的风险，与我们大学生活动的实际需求有所脱节，所以必须时刻进行关注。在这种情况下，高校就应该针对不同的背景与环境，采取不同的方法措施，将各种可利用的资源进行合理分配，实现各个方面的最优化，让大学生在多种环境中进行历练，从基层做起，从而在社会实践中获得成长与发展，同时也让实践场地得以持续发展。

（四）增强大学生思想政治教育社会实践的针对性

社会实践对大学生思想政治教育具有不可替代的作用，它是最受欢迎并且最能够达到教育效果的有效途径之一。而要运用好这一途径，就必须具体问题具体分析，有针对性地提出实施方案和培养目标。

高校中大学生数量、种类都比较多，高校在进行思想政治教育活动时应该仔细考虑学生不同种类的思想差异，从多个不同的方面着手去解决问题。根据不同学生的思想特点，有针对性地确定社会实践的形式和内容。例如，考虑到每个学生的年级不同，接收到的信息、相处的环境有所差异，因此需要特殊问题特殊考虑。举个例子，大一新生刚刚脱离高中的束缚，步入大学校园，思想还比较单纯，各方面都考虑得不够完善，因此需要培养其思考能力以及给其提供接触社会的机会进行锻炼；大二的学生经过了一年的学校接触，有了一些自身体会，但相应的还是缺乏积极的历练生活；大三、大四的学生应该积极进行社会生活体验，为其步入社会奠定一定的基础，切实增强思想政治教育的针对性。

（五）构建大学生思想政治教育社会实践保障体系

完备的制度建设和保障体系对于增强大学生思想政治教育社会实践的实效性具有重要意义。保障体系的构建，应包括以下三个方面：

（1）制度建设，应该包括宏观指导和微观操作两个层面。在宏观上，高校应该通过一系列调查研究确定学生需求与社会需求，进而制定相应的规则与要求；清楚定位大学生社会实践活动与思想政治教育之间的关系，了解它们对于彼此的重要性与意义；明确厘清社会实践活动与日常生活中接受到的课堂教育之间的联系。从微观上来讲，需要根据实际情况明确社会实践活动中所涉及的问题，制定相应的解决方案，并且进行监督管理，以便以后可以更好地持续进行。

（2）师资建设。我们不仅要从学生角度出发考虑，更应该从师资建设角度出发进行相应的调整建设。比如我们可以对高校的实践指导老师进行思想上的进一步培训，使他们能够更好地教育学生；当然，也可以通过对外高薪招聘一些在实践教育方面有经验、能力十分强大的教师、专家，对在校大学生进行相应的辅导交流。

（3）资金保障。对于整个保障体系来说，活动开展的最重要的基础就是经济基础。高校应该通过相关活动的调查研究，结合自己学校的经济状况进行一系列准确的预算，确保学生社会活动实践中关于思想教育问题的开销能够得到保障；同时，还可以通过与校外企业的协助合作、学生团体自己的组织建设等多种方式来确保资金到位。

结语

本论文通过开展大学生思想政治教育社会实践研究，进一步厘清了社会实践与高校思想政治教育的概念及关系，充分认识到了大学生社会实践在思想政治教育过程中的重要作用。但是，由于多方面因素的影响，当前高校大学生社会实践还存在诸如大学生缺乏参与热情、实践内容形式缺乏创新、实践开展缺乏连续性、实践目的针对性不强、制度建设和保障体系不完善等问题。结合思想政治教育理论知识和大学生思想政治教育的要求，提出提高大学生对思想政治教育社会实践的认识力度、创新大学生思想政治教育社会实践的实践方式、促进大学生思想政治教育社会实践的连续开展、增强大学生思想政治教育社会实践的针对性、构建大学生思想政治教育社会实践保障体系等一系列加强和改进大学生社会实践的对策。

★ 参考文献

[1]　习近平. 决胜全面建设小康社会夺取新时代中国特色社会主义伟大胜利：在中国共产党第十九次全国代表大会上的报告 http://www.china.com.cn/19da/2017 - 10/27/content_41805113.htm.

[2]　中共中央，国务院. 关于进一步加强和改进大学生思想的意见[N]. 人民日报，2004 - 10 - 15.

[3]　教育部社会科学研究与思想政治教育工作. 马克思主义哲学原理[M]. 北京：高等教育出版社，2003.

[4]　陈万柏，张耀灿. 思想政治教育学原理[M]. 北京：高等教育出版社，2007.

[5]　曹东辉. 思想政治教育视域下大学生社会实践研究：以赣南师范学院为例[D]. 江西：

赣南师范学院，2012.

[6] 程晨. 大学生社会实践的思想政治教育功能研究[D]. 甘肃：兰州理工大学，2016.

[7] 郭巍. 大学生思想政治教育的重要途径之一：社会实践研究[D]. 太原：太原科技大学，2011.

[8] 施莉琴. 思想政治教育视域下大学生社会实践研究[D]. 贵阳：贵州大学，2015.

[9] 谢莉. 新形势下增强大学生思想政治教育实效性的对策研究[D]. 兰州：兰州理工大学，2010.

[10] 余斌. 试论思想政治教育的目的、本质、原则和方法[J]. 中国高等教育，2011.7.

[11] 汪淑娟. 增强大学生社会实践实效性的思考[J]. 理论观察，2014(08).

[12] 刘天成. 新形势下大学生社会实践存在的问题和对策研究[J]. 现代营销，2017(07).

★ 作者简介：张亚兰，女，长安大学马克思主义学院思想政治教育专业 2014 级本科生。

★ 指导老师：殷峰。

思想政治教育中的大学生生态文明教育研究

代盼盼

摘 要 生态文明是人类在生态危机后经过理性思考而得出的一种新的文明形式，其建设对人类社会文明进步将产生革命性的影响。新时代下的思想政治教育对大学生生态文明教育责无旁贷，明确其是相互影响、相互交融的关系，深入探究生态文明教育的主要内容及其有效对策，将正确的生态文明观内化成大学生自身的品质和精神追求，外化于日常行为。

关键词 生态文明教育；大学生；思想政治教育

生态文明是人类遵循人与自然和谐发展规律，推进社会、经济和文化发展所取得的物质与精神成果的总和，是指以人与自然、人与人和谐共生、全面发展、持续繁荣为基本宗旨的文化伦理形态[①]，其核心是正确处理人与自然的关系。生态文明是对以往工业文明所造成的环境破坏的唯一补救方式，要求人类在生产方式、生活模式、消费行为以及政治、经济、社会等各领域秉持可持续的科学发展理念。

一、生态文明教育的相关概念

（一）生态文明教育的内涵

生态文明教育作为一种应时而生的崭新教育，是教育主体根据社会生态文明发展的要求及相关人类生态文明理论，遵循人与自然、社会和谐共生的规律，并借助国内外生态文明教育方法，对受教育者施加的有关自然和社会生态系统方面的影响，旨在使其树立科学的生态文明观念，在日常生活中落实生态文明行为，克服和改变目前人类破坏生态、伤害生态并最终使自身生存环境恶化的行为模式。

值得注意的是，生态文明教育是一项长期的、系统的、艰巨的战略任务，需要家庭、学

---

① 潘岳. 论社会主义生态文明. 绿叶，2006(10).

校、社会和政府等多方合力的协调配合，并贯穿于思想政治教育和社会经济发展的全过程。其需要教育主体在教学研究和实践过程环节中不断发现新问题、新思路、新方法，对生态文明教育的内容、途径和方法持续更新完善，实现生态文明教育的不断向前发展。

（二）大学生生态文明教育的内涵

新时代下，对大学生进行生态文明教育，是时代赋予思想政治教育的历史任务，也成为高校思想政治教育工作的重要组成部分。

大学生是未来社会发展建设的主力军，也是社会主义现代化建设和全面可持续发展战略的落实者，对其进行生态文明教育显得尤为重要。通过传授生态哲学、生态科学、生态法制、生态道德和技能等知识，来培养大学生的生态文明理念和行为。除此之外，还要开展校外生态文明实践活动强化和巩固大学生生态文明行为，使之成为具有高生态文明素质的"生态人"。拥有科学健康的生态文明修养的大学生因其特有的身份和潜在价值，注定会成为先进生态文明思想的继承者、传播者和弘扬者。因此，加强当代大学生生态文明教育对我国"五位一体"总布局、"四个全面"战略具有重大意义。

二、生态文明教育与思想政治教育的关系

（一）生态文明教育丰富了思想政治教育的内容

生态文明教育注重探索人与自然关系的和谐发展规律，偏重于人与自然关系领域。而在旧的思想政治教育中，着重培养人的科学的、主流的世界观、价值观和人生观，强调人的思想和行为要与社会发展要求相符，集中于人与人、人与社会关系的探索。面对新形势、新问题，要求把生态文明教育融入思想政治教育体系，这样就弥补了传统以来思想政治教育的许多不足。首先，生态因素让思想政治教育者考虑问题的角度不断转变，由僵硬地改善人与人、人与社会的关系转变为以更正人与自然关系来间接软化并进而解决人与人、人与社会的矛盾。其次，生态文明教育的植入，丰富了思想政治教育的内容，因为生态文明教育把道德适用范畴扩大了，不仅强调人与人、人与社会的道德规范，更注重人与自然的伦理原则。

此外，思想政治教育服务和服从于新时代社会发展需要的本质要求也规定了其应把生态文明教育纳入范畴，并向教育对象传输符合全面、协调、可持续发展战略的生态文明意识。

（二）思想政治教育是生态文明教育的主渠道

自我国改革开放以来，虽然在物质财富增长和经济发展速度上取得了举世瞩目的成

绩，但是我们也为此付出了沉重的代价，主要表现为生态破坏、环境污染、自然灾害频发等自然恶化的现象。在当今，这些隐性的问题集中凸显出来，因此迫切要求人们转变发展思路，加强生态文明教育。生态文明教育与思想政治教育同为育人目标，在教育形式和方法上具有相通性。因此，生态文明教育可以走捷径，借助思想政治教育系统化、体系化的育人机制来向大学生灌输生态知识，实践人与自然共生共存的理念。生态文明教育的融入渗透也是当下创新思想政治教育的前沿和热点，符合新时代对其发展的要求。

思想政治教育使生态文明教育找到了主渠道，借助思想政治教育平台使生态文明教育的开展有了可靠的依托，同时，思想政治教育体系也更加科学完善，其传播的影响力也会提升，二者的交融达到了双向价值的实现。

三、大学生生态文明教育的理论价值和实践意义

（一）生态文明教育融入大学生思想政治教育的理论价值

生态文明虽是继工业文明之后人类文明史上的最新选择，但其精神贯穿于历史悠久的中华文化的全过程。譬如，道家"天人合一"的生态伦理思想，"遵道贵德""自然无为"等生态哲学思想，都显示了人与自然和谐统一的重要性。对于与历史相关的生态理论，我们要批判地继承，以适用于当下高校对生态文明教育的发展需求。

1. "两个和解"思想在思想政治教育中的体现

在《政治经济学批判大纲》中，恩格斯提出了"两个和解"的思想，即"我们这个世纪面临的大变革，即人类同自然的和解以及人类本身的和解"[①]。"人类同自然的和解"在本质上就是人与自然界之间的和谐互动过程，人在观念上须把自己作为自然的存在物，而非站在自然之外甚至凌驾于自然之上去统治和主宰自然，必须辩证地把握规律性与目的性，追求自然生态文明和社会生态文明的统一。"人类同自然的和解"根本上决定于"人类本身的和解"，即人与人、人与社会关系的和谐互动。只有人与人关系和谐、协调，才能真正解决人与自然的矛盾。"两个和解"相互影响、制约，具有内在的统一性。

恩格斯在人与自然关系的论述上，直接启迪着我们在思想政治教育中将"五位一体"进行协调发展。如果说过去思想政治教育更多的是在探寻人与人、人与社会的良性互动，对人与自然的关系却有所忽视的话，今天，在理论上对马克思主义的继承和在实践中把生态

---

① 马克思恩格斯全集. 中文 1 版（第 1 卷）. 北京：人民出版社，1956：603.

文明教育作为人类社会永续发展的重大关键，同时也丰富了高校思想政治教育理论。

2. 构建社会主义和谐社会的客观要求

社会的发展离不开人的发展，而社会的发展是为了使人取得更好的发展。但是，不管是个人的发展还是社会的发展，都离不开自然环境。人类及人类社会存在和发展的基础是物质资料的生产活动，而物质资料的来源正是自然界。人与自然应是共生、共荣、共存的有机统一体。我们要坚持马克思主义历史唯物主义理论，掌握人与自然的历史发展规律，运用于当代社会主义和谐社会的建设。

我们的最高理想和最终目标是实现共产主义，共产主义社会是平等互助、和谐美丽的社会，各种矛盾和冲突都会较好地得到解决，其中也包括人与自然的矛盾。但就当下形势而言，我们需要明白在向和谐美丽的社会的目标靠近时，人是解决各种关系矛盾的关键。社会的健康进步在根本上是取决于人的科学文化修养和思想道德素质，处理好经济发展和生态保护的矛盾是影响其水平高低的一个方面。尤其是当今大学生的生态文明意识高低、生态文明观念强弱，决定了未来在人与自然关系的协调中成功与否。所以，加强高校思想政治教育中生态文明教育势在必行，生态文明教育的实施有利于大学生养成绿色生态的价值判断和价值选择，使他们成为生态文明的传播者、建设者和创新者，以此为构建社会主义和谐社会奠定人才基础。

（二）大学生生态文明教育的实践意义

中国自改革开放以来，工业化的加速发展在促进社会生产力高度发展的同时，也造成了对人类生存环境的严重污染，甚至威胁到人类自身的发展。这个教训早在 19 世纪的资本主义国家就已经出现，恩格斯还向人们发出警告："我们不要过分陶醉于我们人类对自然界的胜利。对于每一次这样的胜利，自然界都对我们进行报复"[①]。但是，历史的悲剧还是重演了，原因在于人们只着眼于最近的、最直接的效益，而忽视了长期的社会影响。

因此，生态文明教育迫在眉睫，尤其是作为未来社会建设者的高校大学生，虽然接受过高等教育，但在现实生活中生态意识较薄弱，保护环境的行动力较差。高校需要把大学生生态文明教育融合到思想政治教育当中去，并采用多种方法帮助大学生把生态文明理念上升到系统的、科学的理论层面上来学习认识，更重要的是把这些理念落实在日常生活中。

1. 适应高校教育进步，促使大学生全面发展

在中国特色社会主义现代化建设过程中，我们党对社会文明的理解逐渐深刻、全面，

---

① 恩格斯. 自然辩证法[M]. 北京：人民出版社，2018：313.

最终形成了政治、经济、文化、社会和生态文明"五位一体"的建设总布局。在十九大报告中也重点强调了要坚持贯彻创新、协调、绿色、开放、共享的发展理念，坚持人与自然和谐共生，并把生态文明建设放在相对重要的位置，融入经济、政治、文化和社会建设的不同层面，树立和践行"绿水青山就是金山银山"的理念，努力建设美丽中国。这些重要的思想为中华民族可持续发展的实现规划了美好的蓝图，也为建设美丽中国提供了可遵循的法则，更为高校生态文明教育指明了方向。

高校思想政治教育在容纳生态文明教育的同时，也无形中促进了大学生的全面发展。因为，生态文明教育能够帮助大学生树立人与人关系的新理念，扩大了道德适用范畴，突出了利他主义的精神，这是一种不再局限于个人主义的人与自然和谐共生的新价值观。这种新价值观要求人们理性地处理人与外界各种关系，要把局部利益和整体利益、民族利益和全人类利益、当代人的利益和后代人的利益统筹考虑，形成宏观的道德思维，提高人的道德觉悟，弥补高校大学生生态文明素养的缺失。

2．推进社会科学发展，建设美丽中国

科学发展观是进行生态文明建设的指导思想，也是高校进行生态文明教育的理论基础。在政治、经济、社会等领域推进生态文明建设中，大学生生态文明教育将对政治、经济、社会等领域产生基础性、根本性的影响。生态文明教育的重要任务，就是培养大学生在尊重客观规律的前提下能动地认识和改造自然的思想意识和行为规范，走出人类以自我为中心的误区，从而实现兼具"生态人"和"经济人"特质的"自由人"的目标。高校开展生态文明教育，有利于科学发展观念普及和深入基层，为未来现代化的建设培养人才，这对富强、民主、文明、美丽、和谐的国家建设具有重大意义。因为，大学生对生态文明认识的提高和生态文明观念的牢固树立，必将促进经济建设与资源环境相协调、人口环境与社会生产力发展相适应，实现良性循环，走上生产发展、生活富裕、生态良好的科学发展之路。

四、思想政治教育中生态文明教育的主要内容

生态文明的核心是人与自然协调发展，与之相应，生态文明教育的开展应重点把握以下主要内容：

（一）马克思主义生态理论教育

马克思主义生态理论是生态文明教育的根基所在，应作为我国生态文明教育的重点内容，下大力气抓好、落实好。要引导大学生了解并逐步深入理解马克思、恩格斯对于自然界

与人类关系的深刻剖析，明确人是"自然界的一部分"[①]，清楚人类各种类型的实践活动必须以尊重自然界的客观规律为前提，不能主观地唯意志主义，违背自然规律必然要遭到自然界的惩罚，切不可重蹈资本主义工业化的覆辙。高校通过对大学生进行马克思主义生态理论的灌输，应使其明白人与自然界辩证统一的内在联系，自然是内在价值与外在价值的统一体，不能被人为地割裂开来，要反对人与自然的对立，主观能动性的发挥应以遵循客观规律为前提，才能实现人与自然和谐共生。

（二）生态科学教育

生态科学知识是生态文明意识最基本的要素，是生态文明意识建立的基础和人们选择生态环保行为不可缺少的前提。现实生活中，大学生生态文明意识的薄弱以致造成的生态破坏行为，往往是由于对自然科学知识的无知。生态文明教育首先要把现代生态知识作为教育的基础内容，以此来提高大学生的生态科学素养。要教育大学生正确地认识自然、保护自然，知道什么是生态和生态问题，了解关于生态和生态问题的科学基础知识，从而提高其解决生态问题的技能，使其自觉按照自然和社会的客观规律办事，找到自然与社会和谐发展的内在规律，实现马克思主义所强调的按照客观规律办事。生态科学教育还应涵括生态现状的教育，要使大学生了解现实的资源状况、人口环境状况等，增强其忧患意识。

（三）生态环境法制教育

生态环境的保护不仅需要道德观念的约束，更需要依靠法制的强制力保障。建国以后，经过多年的努力，我国已经制定并颁布了近百部环境保护的法律、10多部与环境相关的资源保护法律和30多项环境法规、466项环境标准。在我国的根本大法《中华人民共和国宪法》中有多条关于生态环境保护的规定，比如第26条规定，国家保护和改善生活环境和生态环境，防止污染和其他公害。第9条规定，国家保障自然资源的合理利用，保护珍贵的动物和植物。禁止任何组织或者个人用任何手段侵占或者破坏自然资源。但是，就现实状况看，我国公民知法与守法、立法与执法之间尚存在较大差距，相当数量的公民生态环境法制知识缺乏，对自然进行肆意的破坏。在执法人员方面，存在守法观念淡薄、执法意识和能力不足的现象，难以确保生态法律的实施。由此可见，在高校以及在社会的各个领域迫切需要宣传和普及生态环境法律法规，使人们明白对环境的权利和义务，以解决生态意识中"能做什么，不能做什么"的问题。

---

① 马克思恩格斯选集（第1卷）[M]．北京：人民出版社，2012：56.

（四）生态道德教育

在我国传统文化中，道德一般有外在和内在两个解释维度，基于此，生态道德不仅指人类在自然界中生存所应遵守的生态规律及由此制定的规范的总和，更包括人依据自然的承受能力，以最优方式解决人与自然问题的自觉性。生态道德把道德行为的领域从人与人、人与社会扩展到了人与自然之间，将善恶、良心、正义、义务等道德观念应用到处理人与自然的生态关系中去，倡导人们以与自然一体的定位去主动承担自己对自然界的道德责任和义务。目前，高校生态道德教育应着重于大学生生态伦理价值观的培养，教育其走出人类中心主义的误区，努力做到不以人的立场为出发点，不以人的利益为目的和单纯以人的意志任意改变自然界。要教育大学生尊重自然，敬畏生命，增强生态道德责任意识和义务感；要引导大学生树立可持续发展的行为概念，提倡勤俭节约，绿色消费。

（五）生态文明技能教育

生态文明教育既应包括相关生态知识的灌输和生态文明理念的传递，更需注重生态文明技能的教育和培养。当下，各种奢侈消费、劣质消费、一次性消费现象的普遍存在，以及人们在无知状态下出现的资源浪费、生态破坏等，无不提醒我们，生态文明建设的实效在于先进理念支配下的卓有成效的行动，要重视对大学生日常学习、生活中的生态文明教育，引导其从自身做起，从现在做起，从小事做起，培养生态文明意识和行为习惯。可以通过细节展示、规范引导和行为建议等方式教会人们如何节约一度电、一张纸、一滴水和爱护每一棵花草树木，可以通过鼓励大学生借助社区或民间绿色组织的平台，发动其积极参与开展生动活泼的绿色环保行动，组织其亲近自然，最终达到培养、提高其生态实践能力的目的。

五、大学生生态文明教育的对策

生态文明教育的开展除了要遵循教育的共性方法之外，还应结合自身的特点挖掘特殊的教育对策，这也就意味着在进行生态文明教育过程中，思想政治教育要在借鉴已有经验和模式的基础上，不断摸索、创新生态文明教育对策。

（一）抓好学校生态文明理论教育

学校课堂是我国学生获取知识的主要途径，生态文明教育不可避免地要进学校、进课堂。生态文明教育在完成马克思主义生态理论教育、生态科学教育、生态环境法制教育、生态道德教育及生态文明技能教育等系统内容后，还要注重教育方式的创新，除了传统的理论灌输之外，在教育方式上还可以借鉴国外的两种较为通用的做法：一是渗透式，即将生态文明教育渗透到思想政治教育及相关学科的教学内容当中，应充分挖掘可进行生态文明教育的因素，把生态观教育融入学习的各个环节。只有贴合学生实际，在专业教育中渗入生态观教育，才能使学生在学习知识的过程中提升自身修养，加快实现生态文明建设的脚步。从而，化整为零地实现生态文明教育的目的和目标。二是单一学科模式，即选取有关生态科学的概念、内容方面的论题，将之合并，进而发展成为一门独立的课程，进行专门的教材编写、学科建设及学术研究，从而使生态文明教育课程化、体系化。

（二）丰富和创新实践育人新方法

生态文明教育的学科意义在于实践，生态文明教育并不是以"知"为目的，而是重点在生态文明意识的落实上。除了传统课堂中的理论灌输外，实践参与是生态文明教育中必不可少的环节，要坚持在实践育人的基础上，增加大学生对自然界的生态感情，充分调动大学生参与生态环境保护的积极性，引导其运用所学到的生态环境知识，尝试解决具体的环境问题，在实践中培养其保护环境、解决环境问题的技能。例如，在校内可以借助学生组织开展理论宣讲、主题班会和与生态环境相关的演讲辩论等活动，同时利用网络媒体加大宣传力度；在校外可以开展社会调研活动，通过参观当前生态危机严重的一些老工业区、污染严重的河流及破坏严重的植被等，使高校受教者更清晰地认识到理论和实际的差距以及研究的现实意义，增强保护环境的紧迫感、现实感和责任感。

此外，还可以利用各种节日展开内容丰富的生态文明实践活动。例如，在每年的"植树节""世界地球日""世界无烟日"等几个重大的环保节日里，宣传和践行相应的环保行为，可无形中提高大学生的生态环保意识。

（三）加强高校生态校园文化建设

高校生态文化建设是指将生态意识和生态思维运用到高校的小范围之中，使高校成为一个微型的生态系统。优美和谐的校园文化环境对大学生生态文明意识的养成具有隐性的教育功能。为此，高校既要加强校园内基础设施等自然环境的建设，又要强调蕴含生态文明因素的校风、师风和学风的养成，这种浓郁的生态人文氛围会无形中渗透科学、健康的循环发展理念。校园中注重人与人、人与自然关系的和谐相处，打造高度和谐的高校生态环境和健康文明的校园环境，这些都对在校学生从行为习惯和意识形态上产生不可磨灭的积极影响。因此首先要规划好校园自然环境，加强环卫设施建设，营造和谐美丽的生态校园。大学生在这种舒适的校园环境中变得喜欢自然，从内心热爱大自然，养成正确的审美观，最终形成自觉爱护校园环境的自律行为。其次在精神层面来说，打造具有高生态文化素质的教师团队，促进老师和学生互敬互爱、互助帮扶的人与人之间的和谐进步，师生之间交替影响，彼此学习认知，从而使得生态文明教育切实渗透到整个学习和生活当中。

★ 参考文献

［1］ 马克思恩格斯全集［M］. 北京：人民出版社，1956.

［2］ 马克思恩格斯选集［M］. 北京：人民出版社，2012.

［3］ 张华丽. 思想政治教育视域中大学生生态文明教育研究［D］. 山西财大学硕士学位论文，2017.

［4］ 杨爽. 生态文明观融入大学生思想政治教育全过程研究［D］. 齐齐哈尔大学硕士学位论文，2016.

［5］ 辛鹏睿. 大学生生态文明教育问题及对策研究［D］. 长春师范大学硕士学位论文，2017.

［6］ 赖聪聪. 浅析思想政治教育在生态文明建设中的新使命［J］. 法制与社会（教育文化），2017，92(1)：231－232.

［7］ 谢晓娟，孙承鹏. 论生态文明建设中思想政治教育的新使命［J］. 学校党建与思想教育，2013，64(459)：9－11.

★ 作者简介：代盼盼，女，长安大学马克思主义学院思想政治教育专业 2015 级本科生。

★ 指导老师：殷峰。

新时代高校学生德育工作创新路径研究

蔡育晶

摘　要　立德树人是新时代高校的根本任务，高校德育工作应与时俱进，紧跟时代步伐。由于信息技术和科技快速发展，各种社会思潮与文化相互激荡，高校德育工作面临着新的机遇与挑战，自然对高校人才培养工作提出了更高的要求。新时代高校德育工作应贯彻"立德树人"理念，结合时代环境和大学生自身特点，积极应对机遇和挑战，不断创新高校德育工作新思路和新方法，以增强高校德育工作的实效性。

关键词　新时代；高校德育工作；创新路径

党的十九大报告指出，"高校应始终不忘立德树人的初心，以习近平新时代中国特色社会主义思想为指导，提高全社会文明程度。"在实现中华民族伟大复兴的关键时期，立德树人不仅是新时代高校"双一流"建设的一项根本任务，而且是高校德育建设的中心环节，更是高校思想政治教育重要的战略任务。本文通过对新时代高校德育工作机遇与挑战的分析，探索高校德育工作创新的实现路径，力求使高校立德树人工作具体化，从而使高校真正成为培养德智体美全面发展的社会主义事业的接班人和建设者的摇篮。

一、新时代高校学生德育工作面临的机遇

德育是以个体的健康为目标，教育者通过特定的教育模式、教育方法对教育对象进行思想转化及道德的培养。而高校德育特指高校思想政治教育工作，它有着独有的与其他教育阶段德育不同的规律和内容。我国作为一个社会主义国家，具有鲜明的意识形态性质，我国德育一定要强调其社会主义性质，与西方国家的高校德育有着本质区别。新时代的党和国家把"立德树人"作为高校的根本任务和高校德育工作的中心环节，自然为高校学生德育工作带来新机遇。

（一）新时代党和国家领导人高度重视高校学生德育工作

党的十九大报告指出，"要全面贯彻党的教育方针，落实立德树人根本任务"说明党和

国家高度重视高校学生德育工作，这是高校做好德育工作的理论基础和力量源泉。2013年11月，习近平总书记在山东曲阜考察孔府和孔子研究院时曾指出，国无德不兴，人无德不立，必须加强全社会的思想道德建设，激发人们形成善良的道德意愿、道德情感，培养正确的道德判断和道德责任，提高道德实践能力尤其是自觉践行能力，引导人们向往和追求讲道德、尊道德、守道德的生活，形成向上的力量，向善的力量。2014年5月4日习近平总书记在北京大学师生座谈会上讲话强调，广大青年要把正确的道德认知、自觉的道德养成、积极的道德实践紧密结合起来，自觉树立和践行社会主义核心价值观，带头倡导良好社会风气。2017年在全国教育工作会议上，习近平总书记指出，我国是中国共产党领导的社会主义国家，这就决定了我们的教育必须把培养社会主义建设者和接班人作为根本任务，培养一代又一代拥护中国共产党领导和我国社会主义制度、立志为中国特色社会主义奋斗终生的有用人才。这是教育工作的根本任务，也是教育现代化的方向目标。党和国家领导人关于德育工作的一系列文件和讲话精神，为高校德育工作指明了方向，明确了目标。

（二）新时代开放环境对学生德育工作创新提供载体

新时代中国持续不断对外开放的现实格局，为高校学生的德育工作提供了新理念和新方法。目前高校开放办学和国际化意识不断增强，高校德育工作应从人类命运共同体的理念出发，注重培养人的开放意识以及竞争合作意识，强调全人类的共同发展和进步。同时，互联网平台快速发展，为高校学生德育工作快速、及时地掌握大学生的日常思想动态提供了新载体。高校德育工作者应树立开放的德育观，紧跟时代的发展，更新德育工作理念，抢占时机，加强对网络德育理念的研究，用正确的价值导向开展德育工作。

（三）新时代学生特点为德育工作提供了新思路

目前中国特色社会主义教育进入了新时代。实现中国梦，对人才的渴望和教育的发展比以往任何时候都更加迫切，中国梦终将会在一代代青年的接力奋进中实现。高校积极营造知识创造、学术追求、社会奉献的精神氛围，是学生内心深处促进自身成才的精神灯塔。人才是国家发展的基础和支撑。全面深化高校教育教学改革中，把握好高校人才培养规律，提高人才培养质量，全面适应社会的能力，是高校落实"立德树人"这一根本任务的出发点。大学生年龄虽然已达到成熟期，但是他们易于感情用事，还不具备成熟的思维判断，因而需要创新高校学生德育工作新思路。高校作为开展大学生德育工作的主要阵地，要贯彻党的教育方针，把"立德树人"这一根本任务真正落到实处。同时，作为教育主力军的教师队伍，要加强师德师风建设，以德立身、以德立学、以德施教，把德育工作落实到教学科研活动中，并贯穿于教书育人的整个过程中。

二、新时代高校学生德育工作面临挑战

新时代我国高校学生德育工作机遇与挑战并存，在抢抓机遇之时，更不能忽视面临的各种挑战。深刻认识当前高校学生德育工作存在的深层次问题，如重智育轻德育、重形式轻实践、重普遍轻典型、重灌输轻引导等，分析其深层次原因，创新高校学生德育工作的新思路、新举措，真正促进高校学生德育工作知行合一，真正使高校成为培养德智体美全面发展的社会主义事业建设者和接班人的摇篮。

（一）复杂且多元化的国际背景

全球化在彻底地改变着我们的生活。在全球化过程中，各国不仅在经济上相互依赖、相互联系，在文化传统、思想品德、价值观念等方面也进行着深入的交流、碰撞甚至冲突。在这样的国际背景下，不同社会群体产生了多元化的价值取向。多元化价值取向会导致人们思想混乱，是非模糊，价值判断失去参考标准。与此同时，西方各种不良文化和思潮以各种途径向我们渗透。西方资本主义国家主要以和平演变战略和国际组织渗透为主要力量，以西方不良思潮如个人主义、自由主义为主要手段，以消融我国的民族文化为主要目的，给我国高校的学生德育工作带来了巨大的负面作用，具体表现为大学生理想信念淡薄、责任意识缺乏、社会适应能力不强、诚信问题增多等问题，无形中增加了高校学生德育工作的难度。

（二）多元文化与价值观冲击

多元文化首先是指由多种不同文化共同构成的文化样态，其次是在坚持主流文化的前提下出现的多种文化并存发展并互相影响的态势。德育是培养学生思想政治品德的实践活动，其功能在于满足学生对思想政治品德的需要和社会对德育的需要，促进学生和社会的全面发展。学生品德培育与养成离不开社会文化环境的熏陶。恩格斯说："文化上的每一个进步，都是迈向自由的一步。"这说明一切文化都自觉地指向一定的道德价值。文化隐性地执行着德育的功能。新时代文化环境的开放性，使得我国思想文化出现多元性，这无疑会对我国的主流思想带来冲击，可能会导致德育实践出现重心不稳、目标碎片化、任务项目化等弊病，大学生道德人格、心灵秩序、社会秩序和价值秩序可能会缺乏统一性，学校德育中践行社会主义核心价值观可能会缺乏统整性和落脚点，实现中国梦将缺乏相应的道德人格基础。

（三）新媒体快速发展给高校德育工作带来的挑战

新媒体的发展使互联网的运用更加盛行，同时也产生了良莠不齐的网络文化。网络文

化中的积极因素当然有利于大学生的全面发展，但同时存在的消极因素对大学生的道德规范和道德意识等方面产生了负面影响，如污染大学生的心灵，误导大学生的行为，导致大学生不道德行为和违法犯罪行为的增多等。以互联网为代表的科学技术飞速发展，信息技术助推教育方式发生了根本性变革，信息技术的快速发展对高校德育工作的途径、方式提出了新的挑战。教育的空间、时间，获取知识和信息资源的途径、方式等都在被重新定义。而大学生作为互联网使用率较高的用户，通过互联网打破了以往的时空限制，丰富了获取知识、信息的途径，同时由于知识和信息碎片化现象严重，快餐式的知识学习越来越成为常态，导致了大学生现存的道德观念受到冲击，因此学生更需要高校德育工作进行引导。

三、新时代创新高校学生德育工作新思路和新途径

新时代高校学生德育工作面临着新的机遇与挑战，迎接新挑战，创新德育工作的新思路，把立德树人根本任务扎实落实在高校德育工作的各个环节中。

（一）丰富高校学生德育工作新内容

高校是培养未来人才的地方，在全球化时代，不同国家经济上互相影响，文化上互相渗透，所以，德育目标既要有方向性、民族性，又要有时代性、国际性。高校学生德育工作应教育学生认识全球问题，关注地球命运，具有战略思维和国际视野，同时也要使学生认识到坚持中国特色社会主义道路既是中国近现代历史的科学选择，又是改革开放四十年来的明智抉择，中国具有无比广阔的发展前景和无比强大的前进动力。高校必须培育和践行社会主义核心价值观，关注意识形态领域对学生的影响，推动中华优秀传统文化进校园，继承革命文化，发展社会主义先进文化，不忘本来、吸收外来、面向未来，更好地构筑中国精神、中国价值、中国力量，为高校教育提供精神指引。高校要树立"德育为先，立德树人"的理念，将德育放在高校教育工作的首要地位并予以重视，改变传统注重技能和知识传授，将大学生看作整体开展综合素质教育，强化思想政治教育在素质教育中的首要性。德育工作必须着眼于社会现实。学校德育不能脱离现实世界，不能忽视现代社会对人的客观改造，必须面对现实状况对德育提出的严峻挑战，直面社会现实大环境，开展更有针对性的德育活动。实践育人，才能使德育更加贴近生活，更加接地气。

（二）以新理念改革高校德育工作方式方法

树立开放性的德育理念。面对新时代国内外形势的剧烈变化，要充分发挥德育的信息选择和文化整合功能。主动迎接开放社会的各种挑战，引导和培养学生正确认识和分析国情，帮助培养和提高学生在各种思潮下的分析能力、识别能力和选择能力，使学生具有辨

别大是大非、透过现象看本质的能力。树立以人为本的教育理念，充分重视大学生的自主性和能动性，尊重大学生的人格和权利，从传统的防范型教育理念向主动发展型德育理念转变，引导大学生学会主动选择、主动发展，充分发挥其主体性，提高其自我教育能力。

树立多样人才观的教育理念。充分尊重大学生的个性需要，在培养人才上要根据年龄、专业等因素，针对不同需求区分层次，分类培养指导，再进行共同德育教育，同时也要确定具有层次性的个体德育培养目标，以充分地调动和发挥大学生的积极性和创造性，从而提高德育工作的实效性。以开放、以人为本、多样人才观等教育理念改革高校德育工作方法，拓展教育空间，灌输与渗透相结合，加强引导，加强高校德育工作队伍的建设，努力构建高校德育的"自育"模式，提高大学生的自律能力。

（三）突出德育的践行性与实效性

德育工作不能只注重理论，还要强化德育实践环节。首先，让德育活起来，开放德育活动课，增强可操作性，真正实现以学生为中心、情景为中心、活动为中心。其次，要把德育工作与学生之间的单向关系转变为互为主客体的互动关系，启发引导学生积极主动地思考，提高学生学习的积极性，培养学生独立思考的习惯和辩证的思维方式，还可采用激励教育、课前学生讲课、案例教育等，实现教育方法多样性，激发学生学习的欲望和创新精神。再次，在德育过程中尊重学生的主体地位，发挥学生的主体参与性，让学生增强自我选择能力，这有助于提高德育的效果。最后，在尽可能完善国内教育机制的同时，应让道德回归到学生的现实生活中，让学生在学习期间多参与社会实践，加强道德实践环节，让学生走向社会的大课堂进行实践活动，亲身体会，不断反思。

（四）运用新媒体技术开展德育工作

互联网的灵活性和交互性有利于丰富高校德育工作方式。基于信息技术衍生的新媒体给高校德育工作提供了更为丰富的工作形式，教师可以利用在线课堂等教学方式实现与学生的实时互动交流，利用网络的传播实施教育内容的分享，通过学生参与讨论改变传统的课堂灌输模式，充分发挥学生在教学中的主体地位。

互联网的开放性和多元性有利于拓展高校德育工作平台。高校德育工作要紧跟时代步伐，用先进的理论来武装学生，引导学生树立正确的人生观、世界观、价值观。互联网作为一个巨大的信息知识库，以其传播广、速度快等优势突破了传统德育模式的局限，将最新的理论政策快速地传达给教育受体；同时，教育工作者可以通过社交网络和移动端开展工作，将以往平面静态的课堂教育推向立体化、动态化，有效地拓展德育工作的深度和广度。

互联网的虚拟性和平等性有利于增强高校德育工作的实效。互联网是一个虚拟的平台，在这个平台中，每个人都有话语权。网络世界的虚拟性和隐匿性，给学生提供了一个能够自由发表言论、广泛参与社会事务的平台。很多大学生通过虚拟社交网络来进行自我展现，寻找价值认同。德育工作者可以通过互联网来及时掌握学生的思想动态，利用互联网技术对学生进行德育教育，牢牢地把握网络舆论阵地的主导地位。

当代大学生处于世界多极化、经济全球化、社会信息化、文化多样化的时代。这个新时代承前启后、继往开来。我们国家改革任务越来越重，我们的人民必须付出更为艰巨、艰苦的努力。面对各类新矛盾、新问题、新挑战，需要我们培养一代又一代勇于担当、敢于挑战、德才兼备的接班人。高校必须充分认识德育工作的重要性，把"立德树人"这个根本任务牢牢落在实处，为国家培养和储备大量的德智体美劳全面发展的接班人。

★ 参考文献

[1] 习近平. 决胜全面建成小康社会 夺取新时代中国特色社会主义伟大胜利：在中国共产党第十九次全国代表大会上的报告[Z]. 北京：人民出版社，2017.

[2] 习近平. 教育工作的根本. [EB/OL]. http://www.cpcnews.cn/2018 - 9 - 10/ 2018 - 12 - 12.

[3] 金艳玲，李永亮，邹靓靓. 浅谈习近平德育思想对大学生德育工作的指导意义[J]. 时代教育，2017(03).

[4] 丁越勉. 工具理性下的个性隐没：新时代德育效果提升研究[J]. 思想教育研究，2018(06).

[5] 仇丽琴. 新时代高校实现"立德树人"根本任务的策略研究[J]. 学校党建与思想教育，2018(08).

[6] 李杨，李康平. 习近平德育思想探究[J]. 思想理论教育导刊，2018(04).

[7] 邱柏生. 试论思想政治教育生态研究的方法论意义：兼论生态德育研究的方法论指向[J]，思想教育研究，2011(08).

[8] 石书臣. 现代德育理念与高校德育创新[J]. 思想政治教育研究，2011(04).

[9] 王渊，丁振国，许德华. 论高校德育在大数据时代的应变[J]. 学校党建与思想教育，2017(02).

[10] 关锋. "新时代中国特色社会主义思想"的多维解读[J]. 华南师范大学学报（社会科学版），2017(06).

[11] 黄蓉生，崔健. 坚持把立德树人作为中心环节[J]. 国家教育行政学院学报，2017(01).

[12] 苏芃. 大众化背景下的高等教育质量问题[J]. 清华大学教育研究，2011(04).

[13] 习近平. 决胜全面建成小康社会　夺取新时代中国特色社会主义伟大胜利[N]. 人民日报，2017(01).

[14] 王曦. 高校青年德育新论[M]. 成都：西南交通大学出版社，2011.

[15] 郑永廷. 高校德育改革经验与德育发展趋势[J]. 武汉大学学报（社会科学版），1992(02).

[16] 王艳成，刘洋. 中国传统文化融入高校德育工作方法研究综述[J]. 商丘师范学院学报，2017(01).

[17] 杨浩英. 德育个性化与高校德育创新[J]. 教育评论，2016(11).

[18] 王虹. 学校德育工作面临的问题及对策研究[J]. 现代交际，2016(15).

[19] 邓淑梅. 新媒体视野下高校德育工作研究[J]. 中国报业，2014(24).

[20] 戴木才. 培养担当民族复兴大任的时代新人：党的十九大报告关于社会主义核心价值观的重要论述[J]. 道德与文明，2017(06).

★ 作者简介：蔡育晶，女，长安大学马克思主义学院思想政治教育专业 2016 级本科生。

★ 指导教师：丁永刚。

乡村振兴战略下农村基层党员
能力发展与建设研究

——基于陕西省J县4村的实证调查

陈光灿

摘 要 党和国家高度重视"三农"问题，提出要大力实施乡村振兴战略。本文通过对陕西省J县4村的实地调研和近200位农村基层党员干部、村民、企业管理人员的访谈，提出乡村振兴战略下农村基层党员应着重提升自我进化力、政策贯彻力和致富带动力，并应从突出政治建设、推进"联合党建"、关注乡贤能人、开展专业化培训和建立评价机制等方面提升农村基层党员能力。

关键词 乡村振兴；农村基层党员；能力提升；实证调查

乡村振兴战略下农村基层党员能力是指农村基层党员在实施乡村振兴战略中应该发挥、体现出的综合素质。党的十九大报告指出，"党的基层组织是确保党的路线方针政策和决策部署贯彻落实的基础。"①农村基层党组织在乡村振兴战略实施过程中作用发挥几何，很大程度取决于农村基层党员能力的发展与建设。农村基层党员是党的组织与广大村民联系的桥梁纽带，对农村的建设与发展起着重大作用。

一、党员能力建设：推行乡村振兴战略的重要保障

加强农村基层党员能力发展与建设既是基于增强党性修养、密切联系群众的内在要求，也是新时代提升乡村治理能力和实施乡村振兴战略的现实需求。

---

① 习近平. 决胜全面建成小康社会 夺取新时代中国特色社会主义伟大胜利[N]. 人民日报，2017－10－28(01).

（一）党员能力建设有助于锤炼自身党性

加强农村基层党员能力发展与建设有助于锤炼自身党性。一方面，这是基于增强党性修养的内在要求。十八大以来，"三严三实""两学一做"等学习教育活动在全国范围内火热展开，无不体现着党中央对加强党员党性修养的高度重视。这就要求广大党员要对标要求自照自省，提升自我进化能力，保持党员的先进性与纯洁性。另一方面，党员能力建设有助于加强党员党性修养。具体体现为以下三点：一是体现在锤炼自身党性的自觉性上；二是体现在对马克思主义理论与习近平新时代中国特色社会主义思想的学习理解能力上；三是体现在将党性修养外化于"为人民服务"的行动上。

（二）党员能力建设有助于密切联系群众

密切联系群众是中国共产党一贯坚持的优良工作作风。从革命时期到改革开放时期再到新时代，党取得的一切成就都与坚持群众路线密不可分。农村基层党员能力建设有助于进一步加强农村党员密切联系群众的能力，一方面有助于党员将学术话语向生活话语转变，以帮助大众尤其是文化层次较低的农民学员，弄懂习近平新时代中国特色社会主义思想，深入了解党和国家的各项强农、惠农、富农政策；另一方面有助于创新与群众联系沟通的方式方法，了解广大农民心之所想，进而帮助农民解决问题，使党成为广大农民的心之所向，提高党在农村的影响力，将农民团结在党的周围。同时，党员在深入群众的过程中也能够汲取"群众智慧"，实现自身能力的提升。

（三）党员能力建设有助于完善乡村治理体系

党的十九大报告中提出要"健全自治、法治、德治相结合的乡村治理体系"①。党员作为乡村中的"关键少数"，党员能力建设对于推行"自治、法治、德治相结合的乡村治理体系"建设起着至关重要的作用。首先，自治是"三治合一"乡村治理体系建设的主要内容②。而党员在村民自治组织中仍占有重要地位，甚至在很多地方存在村两委"一肩挑"的现象。其次，农村基层党员是法律法规的宣传者，也是带头遵纪守法的执行者，是建设法治乡村的重要力量。最后，推动"以德治村"建设，党员仍要发挥重要作用。一方面，党员肩负带头学习、宣讲和践行社会主义核心价值观的重要作用，以营造"以德治村"的良好氛围；另一方面，作为乡村中的先进分子，党员还承担着调解邻里矛盾、帮助维护村民合法权益的责任，以维护乡村和谐稳定。

---

① 习近平. 决胜全面建成小康社会 夺取新时代中国特色社会主义伟大胜利[N]. 人民日报，2017-10-28（01）.

② 何阳，孙萍. "三治合一"乡村治理体系建设的逻辑理路[J]. 西南民族大学学报（人文社科版），2018，39（06）：205-210.

(四) 党员能力建设有助于乡村振兴战略总要求的实现

《中共中央国务院关于实施乡村振兴战略的意见》提出了到 2050 年，乡村全面振兴，农业强、农村美、农民富全面实现的目标。实现这一目标就必须要建设党管农村的原则，确保党在农村工作中始终总揽全局、协调各方，为乡村振兴提供坚强有力的政治保障[①]。要贯彻落实新发展理念，力求将政治效益转化为经济效益。这一过程中党员发挥先进带头作用的重要性不言而喻。一方面，乡村振兴、党建先行，加强党员个体能力有助于提升基层党组织的组织力、凝聚力、带动力，创新基层党组织的服务功能，从而为乡村振兴战略提供政治保障。另一方面，农村基层党员也是"实验者"与"率先垂范者"。乡村振兴，农村产业振兴是关键，基层党员要勇于当先，积极开创脱贫"新路子"，紧跟上级组织和政府规划的"好路子"，为处于"观望"状态的村民做出表率，以实际行动带动广大农民脱贫致富。

二、借鉴与启示：农村基层党员能力需求研究综述

目前，尽管学界聚焦农村基层党员能力需求的相关研究较少，但因农村基层党员可能具有普通务农党员、村干部党员等多重身份，其职责又与公务员群体存在部分相似，因此有必要梳理村干部能力、公务员职业能力、国外党员教育管理的相关研究，以对农村基层党员能力发展与建设有所借鉴和启示。

(一) 村干部能力需求研究的相关论述

村干部作为乡村治理的管理主体，其个人能力高低对增加农民收入、推动农村集体经济发展、构建"绿色乡村"等方面具有重要作用。一方面，要充分了解村干部所面临的工作内容及其在工作中面对的困难。许婕、王征兵、郭斌等人通过将 21 项工作内容按照重要度与难易度分为四类，得出了村庄的发展规划仍是当前工作的重中之重，同时农产品销售、基础设施建设、发展文化教育事业和改善人居环境也是当前工作应该重点关注的[②]。另一方面，许多学者探索村干部素质与农村经济发展或者农民收入情况之间的关系。赵仁杰、何爱平认为文化水平高、经营管理经验丰富的村主任和村支书可以显著地提高农民的收入水平[③]。赵波、张惠琴、张宇翔、汪鑫等人则是建立了村干部素质特征与农村经济发展的研

---

① 中共中央国务院关于实施乡村振兴战略的意见

② 许婕，王征兵，郭斌. 村干部工作内容的重要度和难易度优先序分析：以陕西省为例[J]. 农村经济，2016(12)：101 - 105.

③ 赵仁杰，何爱平. 村干部素质、基层民主与农民收入：基于 CHIPS 的实证研究[J]. 南开经济研究，2016(02)：129 - 152.

究模型，将村干部的能力素质特征分为了思想政治素质、文化素质、综合能力素质、人格品质四个维度来研究其对农村经济发展的影响[1]。还有一些学者基于胜任力模型，探寻村干部的胜任力情况和影响因素。刘辉、梁义成通过胜任力模型分析认为，具有外向特质和宜人特质倾向的村干部更有利于沟通的发挥，且具有较强抗压能力的村干部，更容易得到村民的认可[2]。研究表明，农村工作愈加复杂，除思想政治修养外，乡村管理者的沟通交流、乡村发展统筹规划、农业技术等方面能力对实现农村经济发展的作用较大。

（二）公务员职业能力研究的相关论述

公务员队伍与作为乡村治理体系重要组成部分的农村基层党员队伍，都是推进国家治理体系发展的重要力量，二者的能力需求在一些方面具有相似之处。早在 2003 年人事部印发的《国家公务员通用能力标准框架（试行）》中明确指出，公务员应该具备政治鉴别能力、依法行政能力、公共服务能力、调查研究能力、学习能力、沟通协调能力、创新能力、应对突发事件能力、心理调适能力等九项能力。近年来我国学者从制度分析、胜任力模型和时代背景等角度对公务员职业能力的划分和现状做了研究。彭向刚、刘振军从核心能力、层级能力、专业能力和基本能力四个维度对公务员职业能力进行划分，并强调这一划分应是一个动态的过程，随着社会环境和政府职能的改变而变化[3]。张宝生、祁晓婷则通过实证研究构建胜任力模型，他们将一级指标划分为通用指标和专业指标，前者主要包括"德""勤""绩""廉"，而后者则体现在"能"，并将"能"以领导职务和非领导职务进行划分[4]。郝雅立、王亚楠在治理现代化背景下构建了公务员能力素质模型，将公务员能力按照奥格本的思路分为物质文化的创造和维持能力、非物质文化的发明和更新能力[5]。邓金霞则认为在多重转型社会除九大通用能力外，公务员通用能力新增长点为示范社会主义核心价值观的能力、信息资源运用和管理能力以及合作网络治理与运营能力[6]。研究表明，公务员职业能力

① 赵波，张惠琴，张宇翔，汪鑫. 村干部素质特征与农村经济发展的关系研究[J]. 农村经济，2013(11)：112-117.

② 刘辉，梁义成. 西部农村村干部胜任力的实证分析：基于 4 县 155 位村干部的调查数据[J]. 西北人口，2012，33(02)：57-62.

③ 彭向刚，刘振军. 我国公务员队伍职业能力的问题成因及对策探讨：基于制度分析的视角[J]. 行政论坛，2015，22(03)：61-67.

④ 张宝生，祁晓婷. 基于胜任力的地方政府在职公务员绩效评估研究[J]. 科研管理，2017，38(S1)：171-175.

⑤ 郝雅立，王亚楠. 能力堕距：治理现代化背景下公务员队伍建设与发展问题研究[J]. 中国人力资源开发，2017(04)：130-138.

⑥ 邓金霞. 多重转型社会公务员通用能力新增长点探索[J]. 行政论坛，2016，23(03)：57-61.

划分不是一成不变的，但大都体现了通用能力与岗位应具备的特殊能力的大致分类。

（三）国外党员教育管理的相关论述

乡村振兴战略下农村基层党员能力发展与建设同样离不开对国外党员教育管理方面的借鉴。一方面，国外政党也重视党员的群众工作能力，以新加坡人民行动党为例，其建立了议员接待选民制度、议员回访选区制度，实行严格的党员干部选拔制度以保证党员能够切实为人民服务[①]。另一方面，国外政党同样注重党员的思想政治素质培养与党性教育。古巴共产党规定，每个领导干部在任期内必须接受 3 个月以上的培训，年轻干部要接受 6 个月以上的培训，没有例外[②]。研究表明，国外政党在逐步重视党员的素质能力，期望通过加强党员队伍建设来增强党在选民中的影响力，进而增强其执政能力。

总的来说，乡村振兴战略下农村基层党员能力应该既要有对标合格党员的通用能力，又要有对标乡村振兴战略的特殊能力。基于此种考量，笔者以陕西省 A 镇 4 村的田野调查为基础，确定乡村振兴战略下农村基层党员能力需求情况，并提出可行性、科学性的建议。

三、田野调查：农村基层党员能力发展研究的资料获取

（一）陕西省 J 县 4 村情况

调研地 L、X、N、D 四村地处 J 县 A 镇东北部，共辖 15 个村民小组，共 795 户 3461 人；党员 66 人，其中女党员 13 人；共有耕地面积 6345 亩，人均耕地面积 1.83 亩，蔬菜种植为主要产业，种植面积达 2635 亩。截至 2017 年年底，建档立卡户有 45 户 152 人。近年来，在党和政府的支持下采用"联村党建＋村企联合党建"模式，将四村整合为一个新 L 村（后文中的地标为联村前村名），并重视老党员作用，积极引进企业力量，现已将新 L 村打造成了省级现代农业示范园区和国家 AAA 级景区。为了适应当前经济社会发展需要，联村企业还将投资 3.5 亿元依托生态治理成果，依山依水规划，建成了由民俗餐饮、文化展示、温泉养生、生态家园、休闲娱乐、时令杂果采摘、花卉展示七大板块组成的一体化现代农业观光园。可以说，"联村党建＋村企联合党建"模式的开创极大地带动了原 4 村村民增收，并辐射周边村落带动了物流、农家乐等产业发展。

调研组从 2015 年开始关注该地发展，每年都会前往该地深入调研半个月至一个月，深

---

① 熊辉，谭诗杰，吴晓. 新加坡人民行动党的群众工作经验与启示[J]. 当代世界与社会主义，2016(01)：109 - 114.

② 郭建，孙惠莲，窦万顺. 国外政党加强基层党组织执行力建设的经验、教训及启示[J]. 中共四川省委省级机关党校学报，2011(01)：27 - 28.

刻感受该地发展的实际变化。我们发现党员群体在这一过程中起到了重要作用。一是模式的倡议者、企业董事长 L 就是一名老党员,在访谈过程中他说做这件事的目的很简单,就是想让这一片土地恢复青山绿水,想让这里的乡亲发家致富。二是每个党员都有其负责的岗位,例如环境保护宣传管理、家庭矛盾调解等,同时要求党员必须身先士卒,带头遵守各项村规民约。但调研地在发展过程中也出现了诸多问题。一是随着经济发展,大量年轻劳动力外流,其中不乏部分党员。党员外出务工流动频繁,管理上有诸多不便。尽管借助手机、电脑等现代传媒工具对开展党员教育进行了弥补,但仍存在部分党员去向不清、疏远组织活动的现象。二是党员群体老龄化现象较为严重。调研地超过 60 岁的老年党员占总党员数的一半以上。尽管老党员阅历丰富,但因年龄较大、行动不便、思想过于保守等因素,参加支部活动较为困难,难以有效发挥党员先锋模范作用,同时导致村内党支部事务过多分摊在年轻党员身上,造成年轻党员压力过大。三是党员自我提升意识不足。个别党员过于依赖党组织的集中培训,缺乏自主学习的意愿。

在社会调研中,我们走访了该地乡镇领导干部、村干部、普通党员、普通群众等近 200 人,通过田野调查的形式,揭示乡村振兴战略下农村基层党员能力需求,并根据其先进经验、做法提出党员能力提升路径,以期为同类型乡村提供有益借鉴。

(二)农村基层党员能力建设要求逻辑图

农村基层党员能力建设要求逻辑如图 1 所示。

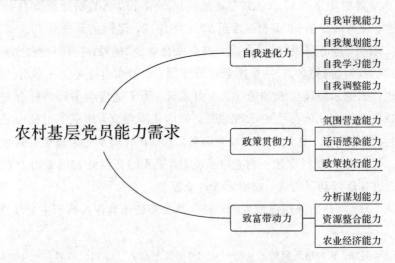

图 1　农村基层党员能力建设要求逻辑图

四、内外兼修：乡村振兴战略下农村基层党员能力建设要求

基于村干部能力需求研究、公务员职业能力研究、国外政党党员教育管理研究等方面的分析，通过对陕西省 J 县 4 村党政干部、普通党员和村民的深度访谈、情景观察和资料查阅，确定了以"内外兼修"为原则的乡村振兴战略下农村基层党员应该具备的能力指标，分别为自我进化力、政策贯彻力和致富带动力。

（一）自我进化力

自我进化能力是党员的内在能力，也是其知识、行为习惯的内在体现，主要包含自我审视、自我规划、自我学习、自我调整等几项能力。正如村干部 D 所说："要想让我们村子更好，党员肯定要发挥带头作用。但是很多党员年龄都大了，也没有想着提升自己，所以让党员自发提升自己很重要。"因此，必须加强基层党员的自我进化能力，激发广大基层党员不断完善自身的内生动力。

1. 自我审视能力

自我审视能力是指农村基层党员正确认知自我、发现自身和他人的问题与亮点的能力，是党员自我进化力的重要组成部分。乡村振兴战略的实施对农村基层党员提出了更高的要求，只有具备自我审视能力，才能对照党章"照镜子"，正确认识到自身在党性修养方面的不足；才能对标乡村振兴战略，发现自身在文化修养、知识储备方面的缺失。自我审视体现在既要及时发现自身在党性修养、能力素质方面的不足并加以改正，还要注重发现自身亮点，总结自身的先进经验加以发扬，更要与自身对比发现其他党员的优秀品质互相学习。正如村干部 L 所说："一些老党员认为自己已经做出了很多贡献，在按时开会等方面就不怎么注意了；还有一些优秀老党员的先进典型没有及时发现，错失了党员集体学习的最佳时机。"

2. 自我规划能力

自我规划能力是指农村基层党员在自我审视后，对照目标提出具体的改进计划的能力，这一规划具有针对性、前瞻性、长期性与短期性相结合等特点，是自我进化力的重要组成部分，是实现农村基层党员党性修养不断提升、能力不断发展提高的重要保障。正如优秀党员 L 所言："对照党章发现问题以后，要有计划去改正，并在这个基础上全方面提升自己，不能东打一枪西打一炮，要有目的、有分寸地去实现。"乡村振兴战略下农村基层党员应该做好两方面的规划：一是做好自我提升规划，根据自身在党性修养等方面出现的问题，结合自身与所在党组织开展的教育培训情况等实际出发，有计划地进行"补钙"；二是对标乡村振兴战略的要求，制订出相应的学习计划，从而全面加强自身的能力素质，起到模范带头作用。

3. 自我学习能力

自我学习能力是自我进化的基础能力，是通过阅读、实践等方式来获取信息、知识，认识世界的能力。对于党员，要树立"终身学习"的理念，养成"勤于学习"的习惯，通过学习，提升其他各方面的能力，从而不断加强党性修养，增强"四个意识"，牢固"四个自信"。乡村振兴战略下，农村基层党员一方面要学习党章、党规以规范自己的言行，要深入学习习近平新时代中国特色社会主义思想、十九大报告精神，用最新的理论武装头脑；另一方面，还要有针对性地学习，要学习、研读党和政府的各项"三农"政策，从而明确乡村振兴战略的重大意义，明确自身责任。

4. 自我调整能力

自我调整能力是指农村基层党员在自我进化、自我提升过程中，根据自身认识、学习进展等情况，不断调整规划、不断调节自我的能力。自我进化的过程不是一蹴而就、直线上升的，而是螺旋式上升，因此要不断调整。自我调整能力主要体现在两个方面：一方面，能够根据现实情况，调整自身学习计划、调整对人对事的方式，从而完成提升自我、带动村民致富、实现乡村振兴等目标的实现；另一方面，体现在调节自身的情感、情绪方面。在乡村治理过程中，党员要率先垂范，势必会面临诸多阻力和亲友、村民的不支持、不理解。这就要求农村基层党员要及时调适心理状态，克服畏难情绪。

（二）政策贯彻力

政策贯彻力是指农村基层党员为确保村民熟知践行乡村振兴战略等党和国家的各项政策，遵守相关法规政策、村规民约所具备的氛围营造、话语表达、政策执行等方面的能力。要确保乡村振兴战略的顺利实施，离不开广大村民的深入参与。但村民接收信息渠道单一、文化程度较低，正如一位村民所说："电视上没少说乡村振兴，但是跟我有撒（啥）关系，到底说了撒我不清楚。"因此，提升农村基层党员的政策贯彻力尤为重要。

1. 氛围营造能力

氛围营造能力是指农村基层党员在党组织的统一安排下，开展形式各样的宣传活动的能力，旨在营造良好的舆论氛围，使各项"三农"政策被广大村民了解。营造氛围有助于创造良好的乡村振兴战略实施环境，以提高村民"知战略""懂战略""跟战略"的积极性。与此同时，提升氛围营造能力要线上线下双轨并行，一方面提升线下氛围营造力，通过手册宣传、标语横幅等形式宣传乡村振兴战略，帮助村民规范言行，建设"文明乡村"和"美丽乡村"。另一方面，提升网络氛围营造力，也对党员的网络素养和运用网络的能力提出了更高的要求。

2. 话语感染能力

话语感染能力是指农村基层党员在自身学懂、弄通乡村振兴战略及其各项方针政策的基础上，能够用浅显易懂的话语向村民传达政策精神，用真情实感传递党和政府对广大农民的关心的能力。农村基层党员要通过大众化的语言、喜闻乐见的方式和充沛的情感帮助村民了解世情、国情、党情，感受党和政府对农民的"关心"和解决"三农"问题的决心，以提升广大农民对"摘帽脱贫"和乡村振兴奔小康的信心。正如 W 村村主任所说："村子里很多人文化素质不高，讲政策的干条条他们都听不明白，干巴巴地照着讲他们也不愿意听。"

3. 政策执行能力

政策执行能力是指农村基层党员带头遵守相关法律法规、维护践行村规民约、紧跟上级党组织与政府规划的"好路子"，并以自身实际行动带动周边村民的能力。村支书 D 说道："大部分人都不想掐尖，不想当出头鸟，也不想损失自己的利益。"因此，农村基层党员就要以身作则，要保持居住地环境卫生，养成良好的环保意识，才能带动周边村民促进乡村生态振兴；要遵守道德规范、村规民约，树立良好家风，消除"等、靠、要"的消极思想，才能带动周边村民促进乡村文化振兴。毕竟"我们老百姓都看着党员咋弄哩"，村民 C 说道。

（三）致富带动力

致富带动力是指在乡村振兴战略和精准扶贫过程中，农村基层党员体现出的对乡村整体情况认知、当前农村产业发展前景研判和村务管理等方面的能力。农村基层党员是党员干部选拔的重要后备军，因此着重培养其致富带动力不仅是基于自身能力提升发展的考量，也是基于以党员的关键少数带动乡村产业振兴、致富的考量，更是基于培养党员干部，以促进组织振兴、党的基层组织不断发展的考量。

1. 分析谋划能力

分析谋划能力是指农村基层党员在对农村产业发展现状及趋势，本村人力资源、土地资源情况等方面充分了解的基础上，具备根据本村现有情况，分析村民增收和集体经济发展等方面存在问题及原因，并制订相应的计划以帮助村民致富、村集体经济不断壮大的能力。提升农村基层党员分析谋划能力有助于更好地对当地存在的问题"把脉问诊"，找出制约当地经济发展的"痛点"，并因地制宜、因人而异制订有关计划，借助乡村振兴战略、精准扶贫等党和政府的"三农"政策的支持，增加农民收入，推动乡村振兴。

2. 资源整合能力

资源整合能力是指农村基层党员在对乡村各项资源深入分析、评估的基础上，运用整体性的思维、系统论的方法，对已有资源进行取舍与优化，以获取整体发展的最优解，从而统筹资源，整合出适合本村发展的产业的能力。提升资源整合能力，有助于对全村资源统筹规划，不仅要充分利用土地等资源，还要充分利用人力资源，促进产业和人才等方面多重振兴。以 L 村为例，其拥有较为丰富的红色文化资源和温泉资源，在党支部书记 L 的带领下，他们确定了"党建＋乡村旅游"的发展模式，整合全村的人力、土地等资源，建立了美食街、停车场，极大地增加了村民的收入，壮大了村集体经济规模。

3. 农业经济能力

农业经济能力是指农村基层党员在遵循自然规律和经济规律的基础上，在农业生产总过程中所具备的农业生产技术、农产品销售等方面的能力。具备农业经济能力也是基层党员模范带头作用的重要体现。一方面，农业技术落后、销售渠道和技巧缺乏、农产品宣传缺失等问题是制约村民致富的重要因素，通过提升党员的农业经济能力是解决这一问题的重要举措；另一方面，正如 T 村村主任所言："很多村民不愿承担风险，都不想自己先改变。"因此，农村基层党员又承担着"开路者"的角色。

五、知行合一：乡村振兴战略下农村基层党员能力建设路径

为了打赢精准扶贫攻坚战、顺利实现乡村振兴战略的总目标，要从突出政治建设、聚焦战略任务、关注乡贤能人、加强专业化建设和建立激励机制等方面完善农村基层党员能力建设路径。

（一）突出政治建设，提升党员向心力

习近平总书记在十九大报告中指出，党的政治建设是党的根本性建设，决定党的建设方向和效果。保证全党服从中央，坚持党中央权威和集中统一领导，是党的政治建设的首要任务[①]。因此提升农村基层党员能力必须突出政治建设，只有党员心中有党，才能成为好的政策宣传者、致富带动者等，才能团结广大人民紧紧围绕党中央形成强大向心力。

乡村振兴战略下突出政治建设，要着重加强两方面活动的展开。一方面，要加强对党员的党性教育。要继续坚持"三严三实"专题教育活动、"两学一做"教育活动和群众路线教育实践活动，并在此过程中不断扩展党员党性教育的内容和方式，从而固守"政治红线"，强化广大农村基层党员"为人民服务"的理念，将这一理念变为自觉的行动遵循。另一方面要加强理论学习和时政活动，既要在基层党组织的组织下集体学习，也要发挥主观能动性自觉学习。要深入贯彻学习习近平新时代中国特色社会主义思想和十九大报告精神，用最新的马克思主义中国化成果武装头脑，这样才能充分了解世情、国情、党情，才能抵御新媒体环境下海量信息对思想的冲击，才能更好地向村民宣讲十九大精神。

（二）推进"联合党建"，打赢扶贫攻坚战

乡村振兴战略下提升党员能力除了突出政治建设，还要创新"组织建设"，根据乡村实际情况通过"联村党建""村企联合党建"等形式，灵活发挥基层党组织的坚强堡垒作用，提

---

① 习近平. 决胜全面建成小康社会 夺取新时代中国特色社会主义伟大胜利[N]. 人民日报，2017-10-28(001).

升党员能力，激发村民脱贫致富的内生动力，凝聚各方力量打赢扶贫攻坚战。一方面，建立"联村党建"，统筹规划农村资源，实现优势互补，互利共赢。在各村行政区域、集体资产产权等方面不变的情况下，在产业能够互助的相邻村之间设立联村党支部，使农村党组织与农村经济快速发展的需要相适应，以达到"弱村发展、强村更强"。另外，"联村党建"实现了资源互通，方便了村民的日常生活。通过联合办公，推行村干部坐班制度，不仅能够集中解决村民政策咨询、矛盾调解等方面的问题，还能使各村干部之间互相交流乡村治理经验；通过开展联村党员教育培训和主题活动等形式，形成追赶超越的学习氛围，提升党员能力，增强基层党组织凝聚力和战斗力。另一方面，建立"村企联合党建"，在充分发挥党组织引领方向作用基础上，引进企业的管理经验和社会资源，以有效带动村民致富，壮大村集体经济。同时，通过这一模式，促进农村党员和企业党员相互学习，既能够增强农村党员管理、信息技术能力，还能提升企业党员对农村的认知程度。在此次调研中，我们发现 L 村与 L 公司以发展现代休闲旅游的契机建立了村企联合党支部，充分发挥企业在经济发展方面的优势，建立了"现代农业休闲旅游＋贫困户脱贫"运行模式，带动周边五村 1000 多人参与生产加工、产品配送，再加上带动周边餐饮、运输等行业发展，直接受益人数达 3000 多人。

（三）关注乡贤能人，补强农村基层工作队伍

提升农村基层党员能力除了"内部提升"，还要"外部补强"，党内外人员互相学习，在乡贤能人中发展党员。乡贤文化是中华民族传统的优秀文化，新时代的乡贤包括现任或已退休的基层优秀干部、道德模范和曾经为村里做出贡献的先进典型等。乡村振兴战略下有两类乡贤群体需要重点关注：一是德高望重的退休老干部、老党员和乡老，很多村民遇到家庭纠纷、邻里矛盾都愿意找其协调。其在乡村中拥有的影响力和话语权，甚至连一些党员干部也不能及。二是拥有一定实业，具备较强管理能力、经济能力，能够带动村民致富的"富乡贤"。

首先，要出台激励政策，鼓励乡贤群体投入乡村振兴战略中。一方面，引导乡贤成为农村基层的"矛盾协调员"和"政策宣传员"，为乡村的科教文卫事业建言献策；另一方面，要在政策方面予以倾斜，鼓励事业有成的乡贤回乡创业投资，带动一方致富。其次，要成立乡贤组织，搭建互助平台。一方面可成立乡贤理事会等组织，使乡贤参与到乡村治理中，充分利用乡贤群体的影响力更好、更快地推进党和政府的政策方针，倾听广大农民的心声，做好村民和党组织之间的桥梁纽带作用，推进"美丽乡村""文明乡村"建设；另一方面，以乡贤组织为基础，吸引更多的乡村能人参与其中和回乡投资创业，发展乡村经济。

（四）加强精细化建设，强化党员专业能力

党的十九大报告指出，建设高素质专业化干部队伍，注重培养专业能力、专业精神，增强干部队伍适应新时代中国特色社会主义发展要求的能力。乡村振兴战略下提升党员能力还必须对标能力需求，并根据基层党员的实际情况与现实需求，采用多种形式手段，针对

不同能力进行专项教育培训，以强化党员能力。

借助各级党校、高校、企业等各方面力量合作开展党员能力提升培训。坚持"请进来，走出去"的方针，通过邀请党校、高校专家教授开展党员党性教育、政策宣讲等方面的培训；邀请农业专家开展农业、养殖业、畜牧业等方面的技术培训；邀请企业管理人员开展管理知识、经济知识等方面的培训。还要定期组织骨干党员外出参观学习，学习模范村在基层党建、农村经济等方面的先进经验和做法；根据农村党员现实情况，创新党员教育培训形式。面对农村党员老龄化、文化素质偏低的情况，要将实地教学与"网络课堂"相结合，从而满足不同年龄党员的教育需要。

（五）建立评价制度，推动党员能力建设持续前进

农村基层党员能力提升不是一蹴而就的，而是螺旋式上升的过程，因此要从党员能力评价、党员能力需求反馈等环节出发，建立评价制度，以推动党员能力建设持续前进。首先，建立农村基层党员能力评价指标体系。基层党员可根据指标体系对照自检，发现自身能力的不足。其次，要建立激励制度，激发基层党员群体积极提升自身能力的内生动力。通过政策倾斜，为工作能力强的基层党员在福利上予以补助，并开辟晋升渠道。最后，严格纪律制度，对于思想懈怠，不积极参加各项教育培训的基层党员予以党内处罚。

习近平总书记要求："培养一支懂农业、爱农村、爱农民的'三农'工作队伍。"农村基层党员承担着向农村宣传党的各项方针政策、倾听农民心声的重要作用，必须要不断增强各方面的能力，以适应新时代农村发展的要求。

★ 参考文献

[1] 赵秋倩,夏显力,赵晓峰.乡村能人带动精准脱贫的多维效应与内在逻辑研究：基于连片特困区 A 村的田野调查[J].西南大学学报(社会科学版),2018,44(04)：78-86.

[2] 乔菲,李辉.乡村振兴战略对乡镇干部的新要求[J].中国党政干部论坛,2018(04)：88-90.

[3] 印子.职业村干部群体与基层治理程式化：来自上海远郊农村的田野经验[J].南京农业大学学报(社会科学版),2017,17(02)：42-49+151.

[4] 习近平.决胜全面建成小康社会　夺取新时代中国特色社会主义伟大胜利[N].人民日报,2017-10-28(001).

★ 作者简介：陈光灿,男,长安大学马克思主义学院马克思主义理论专业 2016 级硕士研究生。

★ 指导教师：曹爱琴。

精准脱贫下村委会职能履行成功实践及完善举措探究

——以陕西省宁强县 W 村为例

郑 莉

摘 要 "实现中国特色社会主义乡村振兴，必须打好精准脱贫攻坚战，走中国特色减贫之路。"这是中央农村工作会议的核心要义。实现乡村振兴、乡村脱贫离不开村民委员会的助力与支持。本文以陕西省宁强县 W 村为例进行研究，发现自贯彻实施精准脱贫政策以来，村委会成功履职的实践案例逐渐增多；与此同时，村委会在履职过程中也暴露出一系列问题，通过调查分析并结合当地实际，本文为改善以上状况、促进村委会更好地履职提供了相关举措，从而最大程度发挥村委会的作用，促进 W 村更好地建设与发展。

关键词 脱贫攻坚；村委会；履职效能

党的十六届五中全会正式提出"三农"，在治国理政的实践中，"三农"问题一直是党的工作重点之一。新时代以来，为了更好解决"三农"问题，党中央作出重大决定——实施乡村振兴战略。精准脱贫与质量兴农、乡村绿色发展和乡村善治等共同建设起了中国特色社会主义乡村振兴道路，只有坚持走中国特色社会主义乡村振兴道路，实现贫困乡村的精准脱贫，才能更好地实现全面建成小康社会的目标。

促进乡村善治、助力乡村脱贫离不开基层组织的推动。村委会是基层群众性自治组织，主要办理本村的公共事务和公益事业及向政府反映村民的意见、要求和提出建议等。因此，村委会既要当政策的执行者，又要充当村民利益的争取者，在打赢脱贫攻坚战的过程中，村委会的作用不可忽视。

宁强县为陕西省汉中市下辖县，作为国家级贫困县共辖 21 个镇，其中 W 村为所辖巴山镇贫困村之一。全村建档立卡贫困户 147 户共 493 人，贫困发生率为 38.6%。自 2017 年 10 月 18 日，党的十九大报告中指出要坚持精准脱贫以来，该村村委会积极响应新政策，切身为村民解难题、办实事、谋利益，从该村的实际情况出发，倾听群众的心声，协助镇政府完成基层工作，为村民提供更好的服务。2017 年该村已脱贫 21 户共 82 人，2018 年脱贫

113 户 391 人（其中低保贫困户 5 户 7 人，五保贫困户 7 户 7 人），两房建设贫困户 50 户（其中重建 26 户，危改 24 户）。这在很大程度上将改变该村的贫困状况，加快当地村民的脱贫速度，使该村在一定程度上也迎来了新时代。

一、精准脱贫下村委会职能履行的成功实践

贯彻精准脱贫政策以来，国家高度重视农民问题。村委会作为基层组织，与农民们有着千丝万缕的联系。因此，村委会深入贯彻脱贫政策，努力发挥村委会的作用，为村民们谋利益，为整体求发展。

（一）基础设施不断完善，群众生活条件明显改善

中国农民讲求实惠，基础设施建设则是最能看得见、摸得着的实惠。然而，乡村基础设施的建设需要投入大规模的建设资金，资金的匮乏和村组干部的工作效能不高使得村中的基础设施建设一直得不到改善。2018 年 W 村村委会借助国家的优惠政策，积极立项并向镇政府申报，镇政府进一步再将申请立项报告交至县政府，县政府会审项目后再将规划意见交至上级交通主管部门。根据各小组的实际情况和多方努力，道路申报审批通过，硬化公路得以开工。"组组通"串联起 W 村九个小组，"户户通"连接了 374 户 1264 人。蓄水池、太阳能路灯、垃圾回收站、文娱活动中心等的修建一个接着一个，曾经"不通电、不通水、不通路"的"三不通"日子一去不返。除此之外，村主任带头对河道的卫生进行巡查，通过"巡河日志"的方式做到一周三查，切实保证河流水源的清洁。对自发报名争当道路养护员和生态护林员的贫困家庭发放一定的工资补助，不仅可以增加其经济收入还能治理环境保护生态，留住青山绿水。村卫生室的建立很大程度上解决了村民"看病远"的难题，具体的坐班人员制度保证了患者随时可以得到诊治。种种新举措都为持续脱贫创造了必要条件。村庄的新变化，提高了民众的生产、生活质量。这些成就的取得得益于新的政策的普遍推行，也得益于领导班子尽心竭力为民众办实事、解难题的迫切心情。

（二）产业扶贫初出成果，因地制宜增加经济收入

农村产业发展是脱贫攻坚的重大举措，打好产业扶贫硬仗，提升当地农产品的附加值是调动贫困群众积极性、主动性和创造性的原生动力。W 村处于偏远山区，位于巴山镇西南部，耕地面积 3852 亩，林地面积 14 226 亩。该村结合高山气候和广阔的森林面积，因地制宜发展特色产业。2018 年该村根据市场动态进行农业生产供给改革，改变了传统的单一种植玉米的状况，调整发展花椒树种植、椴木香菇和土鸡养殖三大主导产业，做优了特色产业，增加了市场竞争力。其次，政府还加强了对适度规模经营的农户的财政投入，加大了对发展产业的贫困户的资金扶持、技术培训、产销对接等支持力度，鼓励发展农民合作社，带领贫困户脱贫奔康。原来的个体户种植方式逐渐演变成为群体经营，规模性的统一生产保证了农产品的供给量，广阔的销售渠道、农村电商扶贫等多样性销售方法都更好地推动

了农产品流向市场，赋予了传统的面对面钱物交换以现代化特点，村民的经济收入有了大幅度增长。

（三）切实加强组织建设，保证脱贫攻坚领导力量

习近平总书记指出，"要把夯实农村基层党组织同脱贫攻坚有机结合起来，选好一把手、配强领导班子"①，强调"深度贫困地区脱贫攻坚要强化落地，吹糠见米，做到人员到位、责任到位、工作到位、效果到位"②。这些重要论述都强调了加强领导班子建设的重要性。因此，新时代在加强村组建设时，党组织和村委会的新领导班子成员在年龄结构、性别结构和能力结构上来说较以往都有了很大改变，并坚持以严格的标准选拔干部、严格的措施管理干部、严格的纪律约束干部，这些从根本上都加强了基层组织中的中坚力量。村领导班子坐班制度的实行使得责任落实到位、工作作风扎实、脱贫攻坚意识增强，着实强化了农村基层组织在脱贫攻坚中的领导核心地位。

此外，为了进一步落实帮扶的精准性，扶贫帮扶方式始终坚持压紧压实县领导包村、乡镇领导包户、党员干部包人的责任链。W 村贫困户与帮扶责任人的结对实践，将 147 户贫困户精准对接到每一个负责人，扶贫责任落实到每个负责人自身，为促进脱贫攻坚提供了可靠的链条保证。

二、精准脱贫下村委会职能履行中存在的问题

村委会职能履行实践取得了不少成功，但是面对时代的调整变化，村委会必须紧跟步伐，对自身做出相应改变，否则就无法适应农村的新变化，从而出现一些与农村发展趋势不匹配的问题。

（一）村委会主体意识较淡薄，缺乏履职自主性

村委会是基层群众自治组织，不是政府的下级，镇政府与村委会之间没有隶属关系，当然也就不存在领导与被领导的关系。然而，在实地走访的过程中，综合 W 村村委会的实际情况发现，镇政府在处理与村委会的关系时，有的时候并不是把村委会当成一个拥有自主权的自治组织，对村委会事务进行过分管理和指导，对民主选举出来的村干部进行一定话语干涉，村委会在很多地方慢慢变为乡镇政府的"下属机构"。这就违背了村民自治制度建设的初衷，违反了村民自治的原则。另外，村委会也缺乏相对的主体意识，履职缺乏自主性，在处理村级事务时一味地迎合镇政府要求，秉着完成任务的心态完成相关下放指标，

---

① 习近平. 脱贫攻坚战冲锋号已经吹响　全党全国咬定目标苦干实干 [EB/OL]. http://news. xinhuanet. com. /politics/2015－11/28/C_1117292150. htm. 2015－11－18/2018－10－27.

② 习近平. 在深度贫困地区脱贫攻坚座谈会上的讲话[EB/OL]. http://politics. people. cn/n1/2017/0831/c1024－29507971. html,2017－06－23/2018－10－27.

完全忽视了本村的发展现状及村民的意见和建议。长此以往，这种支配型的关系不但助长了镇政府的官阶心理，还抑制了村委会自主性的发挥，降低了村委会自我管理、自我教育、自我服务的能力，加大了村委会在脱贫攻坚战中更好发挥自主作用的难度。

（二）村干部自身素质有待加强，不良工作作风滋生

近年来，"小村官，大腐败"已成为中国社会转型期一个值得关注的现象。村官虽小，一旦贪腐，造成的社会危害极大，直接损害农民利益，严重影响基层社会稳定。虽然监督机制不断完善，却不能从根源上杜绝腐败行为的产生。由于村干部大多是本村内生人员，自身受教育程度不高，个人道德素养有待提升，法纪意识淡薄，所以较容易被经济利益所钳制。从 2013 年 W 村党支部书记利用职务之便，加盖私章违规领取五保户生活补助金一事以及村计生专干超规模操办酒席收取礼金一事可以看出，村干部是比较容易腐败的人员。不少干部以各种"合理"理由，贪占贫困户扶贫资金、冒领项目补贴款项、利用职务之便贪污挪用、违规使用扶贫资金……扶贫领域腐败问题直查直办不够、基层办案质量不高、问题线索移送机制不够顺畅等都成了这些违纪违法行为的帮凶，严重降低了村组干部的公信力，影响了扶贫资源公平分配，损害了多方利益。

（三）信息对接程序有限，履职效率有待提高

自贯彻落实精准扶贫、精准脱贫工作会议精神以来，各省、市、县、村都聚焦扶贫抓项目，靠实责任抓落实，有力地助推了精准扶贫、精准脱贫工作的开展。倾全力抓脱贫，坚持规划引领是关键，要求深入贯彻精准脱贫政策，让政策走村入户落实到各村、各户、各人上去。然而，在深入贯彻脱贫政策、落实脱贫责任的时候，多是通过村—镇会议、镇—县会议这样的层级会议方式来安排部署，关于精准脱贫实施意见和专项方案中确定的目标任务、重点项目信息进一步传达到基层村委会中还需要很长的周转流通时间，这些周转时间的增加，使得信息与基层的对接存在一定的滞后性，在很大程度上降低了政策贯彻落实的速度，延缓了本着"因地制宜、全面规划、统筹兼顾、突出重点"原则而编制的脱贫规划。对于地处偏远、交通不便的贫困村来说，较频繁的面对面式传达政策以及汇报工作进程的开会方式大大加重了村干部的工作负担，降低了村干部的工作效率。

三、精准脱贫下提高村委会履职效能的改进完善举措

村委会职能的实施状况不仅取决于文本制度的内容，还应立足于村委会所置身的具体环境。因此，村委会的职能体系应该是一个开放的体系，在社会发展的变化中，应不断调整其自身的内部结构。村委会在履职过程中难免会出现一些矛盾，但是没有矛盾，就没有发展。所以，要以充分了解村委会自身存在的问题为前提，采取相应的改进措施，才能不断提高村委会的履职效能。

（一）创新村委会管理模式，充分发挥民主作用

健全乡村治理体系，构建以农民为主力军的工作队伍对于农村的发展有着举足轻重的作用。农民是精准脱贫的部分执行者，也是直接受益者。进一步完善村委会的管理模式，加强基层组织建设，才能使基层组织的民主最大化，充分保障每个人的民主权利。由村民直选出村长进行农村管理的村民自治管理模式适合农村现状，在闲暇时通过"我为干部提意见"、"'假'干部的一日工作谈"等形式，为农民参与村庄公共事务管理提供了切实的平台和组织载体，让村民体验村干部的日常工作，在体验过程中自己服务自己，自己发展自己，从而参与到共同管理之中，让农民在管理过程中充分发挥自己的民主权利，表达利益诉求，共同致力于乡村精准脱贫建设。

（二）提高干部自身素质，提升拒腐能力

造成贪污腐败的原因有监管不到位和干部自身建设的不足等，为了减少并进一步杜绝"村官腐败"这一问题，立足于基层组织现状，村委会在原有的基础组织架构上建立起的村务监督委员会规范了村级民主监督工作，加强了民主监督效果。还通过文件、网站、微信公众号等方式对涉及扶贫领域的典型问题严格核查，限时办结，以案明纪。全方位的监督保障了村委会履职过程中的透明度和合纪合法性。然而，除了依靠外界的监督，干部自身思想态度的转变才是根本所在。为此，村委会充分利用电子通信设备等对党员干部进行思想教育，加强对村委会构成人员的培训力度，积极开展"主题党日＋"等讲习实践活动，有针对性地对村"两委"负责人等进行培训，从而提高他们政治素养，培养基层干部立党为公、执政为民的理念，增强他们全心全意为人民服务的意识，做到"不敢腐、不能腐、不想腐"。

（三）推进信息技术的普及，加快信息流转速度

现代社会已经全面进入了信息化时代，信息技术的普及使得人们已经不再游离于信息之外。层级面对面传递信息的方式相对信息技术来说耗时耗力，明显使信息的流转速度大打折扣。村委会负有遵守和宣传国家法律、法规和政府的各项指示、命令的义务。因此，村委会获得各项消息的速度快慢直接影响了政策的贯彻与实施，也就相应地影响了当地响应政策进行建设改革的进程。随着即时通信系统的完善，像微信这样的即时通信工具，已广泛应用于我们的生活。推进信息技术的普及，可以随时查看沟通各部门情况，也能即时传输文件，便捷了各部分之间的信息沟通、交流、共享。相比于传统面对面的交流汇报方式来说，这种即时通信不仅节约成本，而且降低了信息流转时长，信息可直接下达到基层组织，使得基层办事效率更高。

总之，村委会作为基层自治组织，只有认真履行职能，切实为村民办实事、解难题、谋利益，并结合实际发展情况不断对自身作出调整，才能进一步为乡村发展作出贡献。消除贫困、改善民生、逐步实现共同富裕是坚持走中国特色社会主义乡村振兴道路的重要举措，实现现行标准下农村贫困人口脱贫，是精准脱贫攻坚最直接的目的和任务，也是当前村委

会的重大职责。

★ 参考文献

[1] 刘锴. 村委会的角色研究[J]. 科技创业月刊，2014，27(06)：81-83.

[2] 马华. 村治实验：中国农村基层民主的发展样态及逻辑[J]. 中国社会科学，2018，(05)：136-159+207.

[3] 肖爱生. 当前村委会发展中的现实困境与破解对策[J]. 天水行政学院学报，2017，18(05)：44-47.

[4] 张丽琴. 村委会职能研究立法和实践考察[M]. 西安：西北大学出版社，2009.115.

[5] 刘美玲. 农村基层治理中公众参与研究[J]. 经济研究导刊，2018(15)：41-43.

[6] 王可园. 中国农村村民自治制度演进的逻辑和完善路径[J]. 学术交流，2018(01)：123-129.

[7] 段端磊. 实施乡村振兴战略中村委会履职转变与完善研究：以安徽省亳州市D村为例[J]. 云南农业大学学报(社会科学)，2018，12(03)：19-24.

[8] 蔡振亚. 中共十八大以来村民自治实践创新与农民政治参与权利发展[J]. 许昌学院学报，2018，37(03)：81-85.

[9] 王筠. 农村村民委员会换届选举问题与对策研究[J]. 山东青年政治学院学报，2016，32(02)：46-49.

[10] 刘海军，王平. 社会分化视域下农村基层协商机制的建构[J]. 求实，2018(02)：75-86+111-112.

[11] 钟韶彬. 深化精准扶贫 助推乡村振兴[J]. 南方农村，2018，34(01)：39-42.

[12] 马敏. 村委会在新农村建设中的功能探析：以广西武鸣县林渌村为例[J]. 中小企业管理与科技(上旬刊)，2012(02)：213-214.

[13] 坚决打好精准扶贫精准脱贫攻坚战 努力完成实施乡村振兴战略优先任务[J]. 吉林农业，2018(21)：19-20.

[14] 李侑峰. 村干部精准脱贫积极性的影响因素及对策探讨[J]. 沈阳干部学刊，2018，20(05)：38-40.

★ 作者简介：郑莉，女，长安大学马克思主义学院思想政治教育专业2016级本科生。

★ 指导教师：徐静。

当代乡村教师社会角色探究

李文聪

摘　要　乡村教师作为身处我国农村的知识分子，是我国农村地区改革和发展的宝贵资源，是脱贫攻坚战中不可或缺的重要力量，但因为缺乏与乡村社会的相应互动，从而导致其社会公共性的缺失。本文通过分析当前乡村教师的社会角色困境，认为乡村教师应当重构其社会公共性，实现乡村教师的"崛起"，助力新时代下乡村社会的发展，推动全面小康社会的建成，加速中华民族伟大复兴梦的实现。

关键词　新时代；乡村教师；社会角色

教师作为人类最古老的职业之一，在社会发展进程中一直受到人们的关注。然而在当代乡村社会改革与乡村教育改革中，作为教书育人的主体——乡村教师却一直没有发出应有的声音。"教师是社会的代表者吗？"吴康宁曾经发出这样的疑问。在不断的教育改革中，教师被赋予多重身份，其社会地位也不断发生变化。那么，作为乡村社会一个特殊的文化群体，乡村教师是乡村社会的代表吗？从已有的研究成果来看，学者们大多从国家教育政策宏观角度出发，采取一种自上而下的视角，分析乡村教师的发展状况、问题及其如何推动乡村教育的发展，片面强调乡村教师队伍的建设或者乡村教师自身的专业化发展，忽略了在精准扶贫的大背景下，乡村教师作为农村地区的宝贵文化力量，不仅是乡村教育发展的主力军，更是精准扶贫工作中不可或缺的重要力量。对乡村教师的社会角色进行探究，分析乡村教师之于乡村社会的责任与义务，对于乡村教师队伍的更好发展，以及新时代下乡村教育的改革和新农村的建设，有着重要的理论意义和现实意义。

一、当前乡村教师社会功能的现状

功能，主要指一事物或者方法等所发挥的有利作用。社会功能，即构成社会这一整体的各元素或者说各组成部分在社会发展过程中所具有的一定的能力、功效和作用。法国孔德、英国斯宾塞最先提出社会功能概念，以此作为社会和生物有机体之间的类比，认为社会是一个各部分之间相互联系、相互依赖的有机整体，彼此间根据不同的需求，执行不同的社会功能。后结构功能主义者们在此基础上，紧接着提出了正功能、负功能、显功能、潜功能、替代功能等概念，进一步丰富和发展了"社会功能"这一理论。乡村教师是乡村社会中稀有的知识分子，教书育人是其本职工作，但是作为乡村社会的构成要素之一，用自己所拥有的知识去推动乡村社会的发展与建设也应是乡村教师存在意义之一。"古之教者，家有塾，党有庠"，在近代教育制度完全建立之前，私塾一直是我国传统教育的重要组成部分之一。乡村塾师作为基础教育的主导者，不仅承担起了文化启蒙的重要使命，一定程度上还承担着乡村生活的公共责任。他们熟知乡村各种风俗礼仪，是乡约民规的书写者，传承并推动乡村文化向前发展。他们出入于各家各户的厅堂，活跃于乡村生活的各种重大场合。上个世纪初，伟大教育家陶行知就曾提出"乡村学校做改造乡村生活的中心，乡村教师做改造乡村的灵魂"。乡村建设运动的发起者梁漱溟也指出，乡村教师至少有两种伟大的作用，一是乡村的耳目，二是乡村的喉舌。梁漱溟认为，乡村教师作为知识分子具有敏锐洞察力，最能感觉出乡村社会中存在以及不断出现的问题，也掌握着能把问题表达出来的工具——文字，如果乡村教师能把"问题"呐喊出来，乡村建设便有了希望。

随着国家权力的下沉，国家政权不断向乡村延伸，乡村教师的身份也逐渐发生变化，在新型国家政权结构下，私塾被取缔，乡村教师被纳入了国家行政管理体制下。在不断的教育改革中，乡村教师愈来愈国家化、专业化发展，但却离乡村生活越来越遥远。一方面，政府作为行政管理主体，对乡村教师的准入、审核、考核等一系列的管理具有绝对权力，教师队伍的发展一定程度上完全取决于国家政权，而不再像过去的私塾，具有一定的自由性、自主性。国家管控力量的加强使得乡村教师成为了乡村社会特殊的存在，他们不再出现在乡村生活的各种大场合，慢慢远离乡村社区，乡村社会不再是他们生存的根基，如何能在体制下存活下来（例如代课教师的取缔）或者说怎样去完善自身属性从而使得自己更加适合体制的要求成为他们面临的巨大问题；另一方面，新型乡村教师队伍的建设，片面追求专业化发展，这种专业化发展体现在体制下的各种考核中，包括学历要求、课堂教学能力、职业素养、教学理念等，逼迫着乡村教师不断丢掉自身的其他社会功能属性。据调研小组走访的几所村校来看，除了正常的教学，乡村教师们得时刻为考核达标而担忧。有的教师为了能达到文件上学历要求而不得不一边教学一边继续"求学"，有的教师为了评职称不得不参加各种培训会和各种考试，有的教师为了能在"学生满意度"上取得好评而不敢对学生作出应有的惩罚……慢慢地，乡村教师们"蜗居"在学校院墙之内，对于墙外之事一概不问，窄窄的一堵围墙成为乡村教师和乡村社会之间巨大的鸿沟，"墙内人"一心专注于单纯的知识传递教育与自身的发展，忽略了自身的存在对于整个乡村社会的巨大作用。在国家与乡村之间，他们毫不犹豫地选择了国家，当然他们也慢慢被乡村所"遗弃"，成为乡间小路上最熟悉的陌生人。

二、新时代乡村教师的"应有"角色

从社会学的角度来看，社会角色指的是公众或者整个社会对具有一定社会身份的社会群体或者个体的行为期待，是个人在社会关系当中根据自己所处的位置应该承担的权利义务和应该具备的行为规范与行为模式。乡村教师作为乡村社区中的知识分子，自群体诞生以来，饱受争议。随着不断的教育改革，其身份与以往的塾师越来越分明，但在乡村中的地位却远不能和塾师相比。那么乡村教师应该如何利用好自己的"力量"，借助精准扶贫的大潮，重新构建乡村教师的社会公共角色，从而在助力精准扶贫中完成乡村教师角色的重塑，实现乡村教师的"崛起"呢。

（一）营造乡村生活的引领者

罗志田教授在《科举制废除在乡村中的社会后果》一文中指出，私塾之所以在传统社会中能够成为并且占据乡村生活的中心位置是有原因的，其中很大程度上源自于塾师的个人能力，塾师往往是一乡之中所被"佩服"的人，他是一乡中的审判者，一乡中的号令者，一乡中的指挥者。他们不仅在教学上让村民赞扬，还活跃于乡村生活的方方面面，例如主持重大节日，为乡村公共事业发展建言献策，为村民写节日村联、写信件、写房契地契条约等等。

那么如何能够成为一乡之中所被敬佩的人？首先，你得是乡里人，村里人。从民国乡村教师队伍刚刚建立之初，乡村教师的收入极低，乡村教学设备落后甚至稀缺，教学经费几乎没有等一系列恶劣的工作环境让乡村教师们一心急于跳出乡村社会这个圈子。不可否认，自新中国成立以来在党的鼓舞和引领下产生了一大批无私奉献之人，但是从乡村教师队伍的总体趋势来看，更多的是选择远离乡村生活，就算因为现实条件而无法到城市里教学，很多往往也是身在乡村而心在城市。如今的乡村与以往已经大有不同，绝大部分乡村有了质的发展，同时《国家中长期教育改革和发展规划纲要（2010－2020 年）》《乡村教师支持计划（2015—2020 年）》等一系列文件的颁布，为乡村教师提供了制度保障。除却国家的扶持，乡村教师想要"崛起"最主要的还是要靠个人的努力。在外部环境大改善的背景下，乡村教师们要转变自己的心态，改变自己的想法，做一名真正的"村里"教师，而不是仅把自己圈在学校的围墙之内，把心思放在应付各种考核以及提拔上面。乡村教师应在教学之余，利用空闲时间加大对乡土人情、乡村文化、乡俗民约各方面的学习，多去田间地头走走，多去村民家里转转，把自己变成村民队伍的一分子，与村民打成一片。只有彻底融入乡村生活，才能够走出自身心理上的困境，才能更好地利用自己的知识、技能去帮助贫困村民。

（二）新思想坚定的传播者

在《现代汉语词典》中对思想是这样定义的，思想是指客观存在反映在人的意识中经过思维活动而产生的结果。作为一种经过缜密思维活动之后的结果，它具有重大引领意义。

统一思想才能行动一致，思想的重要性不言而喻。

从党的十九大以来，党中央、国务院就扶贫工作的进一步推进和攻克提出了一系列大政方针，做出了众多方面的具体指示，也颁布了相应的文件等。但是，政策、指示、文件是否已经真正地被每一位乡村农人所理解、接受？答案是不一定。虽然新中国成立以来扫盲运动的出现使我国文盲比率由建国初期的80％降到现在的5％，甚至更低，但是这仅从是否识字的角度说，党和国家领导人所提出的新思想往往高屋建瓴，立意深远，并不是每一个人都能轻易所理解，其中所蕴含的高瞻远瞩有时甚至还会受到一定的攻击。对于这些新思想的提出，一般省级层面会有专门的宣讲团来对其进行解读、传播，但是由于经费、乡村人口分布、宣讲团师资力量等各种现实因素，宣讲团难以真正下到每一个村子里去。这个时候，乡村干部、扶贫干部们则必须挑起大梁，从目前来看在现实生活中他们确实也是政策的主要解读者，但是一方面，受历史条件影响，大多数乡村干部本身文化程度就有待进一步提升，很多时候他们也只能做一个"转述者"；同时，自古以来的官民斗争使得村民们有着一种根深蒂固的思想——当官的没几个好人。在部分涉及金钱或者自身利益的问题上，他们并不相信乡村干部，甚至会产生一定的敌意，在村民眼里，乡村干部们大多都是"狼狈为奸""沆瀣一气"，这种抵触、敌意，不仅阻碍了党中央政策的执行、思想的传播，而且对乡村基层政府的公信力、权威性也有一定消极作用，直接影响精准扶贫的推进。

乡村教师作为村里的知识分子，不仅具有良好的学习、理解和表达能力，同时因为在教育方面的成就使得他们能受到一定的尊重，他们不仅有身份去讲，而且还能讲明白。乡村教师应该凝聚起来，发挥自身知识储备优势，通过走出学校、走访入户，或者在乡村干部的协调下举办茶话会、专题讲座、扶贫知识大课堂等，用最直白的语言，用村民们能听懂的文字，去讲清、讲好我们的大政方针，做一名新思想的传播者。只有在思想上使村民安心，才能让他们在脱贫路上走的放心。

（三）树立文明乡风的开拓者

扶贫工作的推进不仅需要"扶智"，在当下的社会中我们还需要大力"扶志"。随着精准扶贫的深入开展，"等""靠""要"现象逐渐浮出水面。等，等待国家资金援助；靠，靠上级财政拨款；要，要扶贫资金。当然，在不同的地方"等靠要"的表现不同，不仅停留在金钱上的"等靠要"，也有对物资、技术等各方面的"等靠要"。经过我们调研组对三个行政村的走访，在"等靠要"的这一群体中，只有极少数是真正的因为身体残疾或者智力残疾等原因失去了劳动能力而无法自我获取生活必需品，而大部分都拥有健全身体拥有劳动能力，并且甚至有些根本不是实际上的贫困户而努力为自己"创造"条件争当贫困户。通过和当地扶贫干部的座谈我们得知，之所以会出现这些现象，一是因为自我的懒惰；二是少数人仍保留着一些迷信思想，认为收成是由老天决定；三则是来自村民互相之间的"攀比"，把"贫困户"当作一种荣誉，人人争当贫困户。

要想从根源上解决"等靠要"现象，最主要的是解决思想问题，在整个乡村形成一股良好向上的文明乡风。乡村教师作为乡村知识的传播者，不能仅仅只是教授乡村学生成为社会主义事业合格接班人，还要走出学校，在乡村公共社区踊跃活动，利用自己知识推动乡风的建设。晏阳初在乡村建设实验方案里就极力提倡乡村教师要引发乡农自学、自强、自治、自助、自己往上生长的能力。怎么来引发呢？就是要通过以下措施来建设文明乡风，在全村形成你追我赶的良好氛围，从而通过自己双手劳作早日过上小康生活：（1）协同乡村两委会、村里德高望重者等，制订、修改乡规民约，对那些过时的、落后的坚决删除，对新出现的问题加以规范，让村规更加适合乡村的发展；（2）协同乡村干部，成立乡风促进会，乡村教师们发挥好自己笔杆子作用，大力挖掘先进典型，对其进行正面报道，在乡村社会中形成正确的脱贫致富舆论导向；（3）乡村教师们有组织地利用好村民文化活动中心等场所，把村里有才能的、表演天赋的人聚集起来，通过歌曲、小品等艺术形式向贫困群众展示美好生活前景，在他们心中树立脱贫自信；（4）乡村教师们还应充分利用好自己的科学文化知识，通过举办讲座或者走访形式，破除乡村封建落后陋习，提高村民科学素养，培养科学意识，转变部分乡农"听天由命"的观念。

（四）助力乡村发展的推动者

现阶段，农业取得快速发展，尤其是随着每年"三农"政策的贯彻与执行，有效提升了农业方面的生产力。然而对于乡村社会而言，依旧存在部分乡农尚未摆脱贫困的现状，刨根究底，主要由于其并未掌握脱贫致富的能力。对于贫困地区的居民来说，往往并不存在较强的提高专业技能的需要。其通常还秉承着陈旧的看天吃饭的理念，并未注重提升自身专业技术。由于长年累月的劳作让其逐渐不具有脱贫理念，甚至有一种安于现状的想法。同时，因为人力、物力、资金等多方面因素，在已有的培训体系中，并不能真正惠及到家家户户。

授人以鱼不如授人以渔，拥有一技之长的人在脱贫大道上将走得更稳更快。乡村教师作为乡村社会中的知识分子，在科技文化方面具有一定的权威，利用这种"权威"，协同县乡镇相关部门，把职业技能培训搬进乡村社区生活，在乡村举办职业技能培训班。通过培训班，一方面为乡农开展脱贫思想培训，在乡村社会中宣传科技的力量，推动与鼓励乡农向"新农民"迈开步伐；另一方面，结合乡村教师高学历、学习能力强的优势，去县里、市里甚至省里将技术"带"回来在培训班推广，从而达到给予农户们一技之长的目的，进一步推进扶贫工作的开展。

陶行知认为，一位优秀的乡村教师，一有农夫的身手，二有科学的头脑，三有改造社会的精神。乡村教师足迹所到之处，一年能使学校气象生动，两年能使社会信仰教育，三年能使科学农业发展，四年能使村自治告成，五年能使教育普及，十年能使荒山成林，废人生利。诚然，这是一种理想状态，但是却足以说明乡村教师使命之神圣，责任之重大。在当下社会中，乡村教师面临着众多困境，重拾乡村教师的"公共性"，发挥好乡村教师之于乡村社会的特殊功能，承担起乡村教师应有的公共责任，借助新时代这一大好发展背景，做一名真正的乡村教师，方能实现乡村教师在乡村社会中的崛起。

★ 参考文献

[1] 姜朝晖. 民国时期乡村教师社会角色研究[M]. 北京：人民出版社，2016.

[2] 陶行知. 陶行知文集[M]. 南京：江苏教育出版社，1986.

[3] 张济洲."乡野"与"庙堂"之间：社会变迁中的乡村教师[M]. 北京：中国社会科学出版社，2013.

[4] 王勇. 当代乡村教师的社会角色困境与公共性的建构[J]. 当代教育科学，2013(07)：20－22＋56.

[5] 高小强. 乡村教师的文化困境与出路[J]. 教育发展研究，2009(20)：53－55＋72.

[6] 罗志田. 科举制废除在乡村中的社会后果[J]. 中国社会科学，2006(01).

[7] 贺永平，晏阳初. 乡村建设思路及其对新农村建设的启示[J]. 求实，2013(S2)：216－217.

★ 作者简介：李文聪，男，长安大学马克思主义学院思想政治专业 2014 级本科生，现为长安大学马克思主义学院马克思主义理论专业 2018 级硕士研究生。

★ 指导教师：徐静。

陶行知教育思想在乡村民办小学中的践行与反思

——以明日实验小学为例

马 丽

摘 要 陶行知先生是我国近代以来伟大的教育家、思想家。其一生创办了许多学校，并组织了多次乡村教育运动，将自己的一腔热血全部奉献给了中国的近现代教育事业。当然，在中国近代史上，陶行知先生提出了许多关于教育发展的新观点、新理论以及新方法，其中包括"平民教育思想""乡村教育思想""创造教育思想""生活德育思想"等核心思想，"知行合一""教学做合一"等教学方法。本人通过实地调研、收集文献资料的方法从明日小学的办学方向、教育理念、教师价值等几个方面论述了明日实验小学在办学过程中对陶行知教育思想的践行，以期得到共鸣，反思乡村民办小学的发展走向。

关键词 陶行知；教育思想；明日小学；践行

陶行知先生是我国近现代著名的平民教育家，他以赤子之忧表达的思想和实践，代表了近代中国文化的前进方向，为中国教育探寻了新的出路。其"平民教育""生活即教育""社会即学校""教学做合一"等思想指引着我国教育的前进与发展。乡村民办小学作为乡村教育的一部分，其发展态势对于乡村教育发展起着重要的作用。所以，研究陶行知教育思想如何运用于乡村民办小学对于我国的乡村教育发展有着不可或缺的意义。

本人分别于 2018 年 3 月与 7 月调研走访了明日实验小学，通过调查明日实验小学的办学理念与实践，研究明日实验小学对于陶行知先生的教育理念的践行路径，以及乡村民办小学如何通过践行陶行知教育思想，具有更好的发展路径。

明日实验小学，简称明日小学，位于陕西省咸阳市安吴镇安吴村，是一所特殊的乡村民办小学，至今已建校 30 年之久。学生以留守儿童、单亲家庭儿童、特殊儿童为主。明日小学现有幼儿班至六年级共计 180 名学生，17 名教职工。明日小学自 1988 年创办以来，以陶行知先生为榜样，致力于乡村教育与平民教育，具有颇为独到的办学理念与见解，在 30年的办学时间里为乡村教育做出了不小贡献。通过调查研究，明日小学对于陶行知教育思想的践行路径如下。

一、学校坚持平民教育的办学方向

在文盲占绝大多数的旧中国，陶行知非常关心广大平民尤其是农民及其子女的识字、扫盲问题和普及教育问题。他强调，"平民教育的目的，就是要使 12 岁以上的人，个个读书，做好国民"，就是"叫不识字的会读书，会读书的常读书"，又说"平民教育的宗旨是要叫种种人受平民化"。[①]可见，在陶行知看来，所谓平民教育，就是指平常百姓的教育，这种教育要引导更多的平民读书、识字、爱国、做好人。

从 1931 年到 1935 年，陶行知历时 5 年的时间开展了普及平民教育的事业，他提倡要将文化思想和科学知识全面普及给大众，要确保每一位公民都有知识，尤其是家庭困难的孩子也要学到知识；再次要建立完善的法律制度；与此同时，要确保教育面前，人人平等，从而推动平民教育的发展。

明日小学自 1988 年开办以来，一直以陶行知先生为榜样，坚持教育是立国之本与平民教育的方向，研究农村基础教育和平民教育这一系列理论和实践问题，致力于平民及农村基础教育这一弱势教育。明日小学以平民教育为宗旨，办学 30 年来以宽广的胸怀热情接纳别人拒收的学生，在 180 名学生中，以留守儿童、单亲家庭儿童、特殊儿童为主，其中有三名同学是从小被父母抛弃的孩子。明日小学自接收这三位学生以来，给予了他们良好的教育，使得他们身心健康地成长。明日小学在办学过程中维护了学生受教育的权利，真正做到一切为了学生，并且竭尽全力帮助家庭经济困难的学生，使他们有学上。例如，明日小学会施行"学费拖欠制"，适当地延期家庭有困难的学生上缴学费的期限；同时明日小学努力做好精准扶贫工作，加强了对"爱心班"的管理，加强与社会各界的联系，使缺亲贫困的孩子从物质到精神上都能得到帮助与关怀，把扶贫工作落在实处。目前，明日小学实现了从幼儿班到六年级儿童教育全覆盖。

二、学校坚持德育为主的教育理论体系

（一）教育理念：一点两翼五论

明日小学建校 30 年以来总结了一套全面的符合学校实际情况的德育理论体系并不断充实完善，即"一点两翼五论"。一点指育人为本；两翼指德育第一，全面发展；五论是误区论、过程论、养成论、博爱论、奋斗论。

明日小学以陶行知的德育理论为指导思想，提倡育人为本、德育为先。陶行知认为德

---

① 陶行知. 陶行知谈教育[M]. 沈阳：辽宁人民出版社，2015：3-178.

育分为"公德"与"私德"。"私德"是个人的道德修养,"公德"是对国家和集体的态度和行为。不讲究私德的人,每每成为妨碍公德的人。一个真正有道德的人,既要有较高的个人道德修养,也要有强烈的社会责任和爱国主义精神。陶行知在德育中尤其强调人格教育,指出育人的目标在于创造真善美的活人。"真"的含义有两个方面:一方面,教育者"千教万教,教人求真";另一方面,教育对象"千学万学,学做真人"。在学问上、政治上刻意追求真理,从而使人的个性得到解放,个性更趋完善,在灵魂深处"建筑人格长城"。① 他指出,我们需要智、仁、勇兼修的个人,要培养学生健全的人格,教育学生如何做人,如何完善人格。②

明日小学在育人过程中追求学生做真正的人,要求每一位学生发扬明日精神,这种精神是独立自主、科学唯实的精神:培养学生坚强自信、百折不回的意志;踏实认真的作风;不卑不亢的小草情怀;扶持弱势的正直品性和匹夫有责的使命感。明日小学教育学生要做到:首先,要为个人的生存而努力,做一个不卑不亢的人,在学习的过程中要务实,切勿务虚,形成良好的个人品德修养,争当优秀;同时教育学生要从实际出发,做到个人、家、国一体化,在提升个人的基础上奉献自己。明日小学教育学生:"国家是大家的,爱国是个人的本分,凡是脚站立在中国的土地,嘴吃中国五谷,身穿中国衣服的,无论男女老少,都应该爱中华。"明日小学作为安吴镇文艺和体育强校,注重学生的全面发展,在办学过程中不仅注重学生的学习成绩,更注重培养学生各方面的能力,比如注重学生的文艺、书法等。

(二)育人四途径:理念育人、活动育人、环境育人、抓班主任工作

明日小学继承了陶行知"生活即教育""社会即学校"的思想,认为学校教育就是要培养学生去适应社会,学校生活不能脱离社会,但是道德教育要在学校生活中进行。因此,学校把以校训、校徽、校旗、校歌、校风为载体的校史教育日常化、制度化,把明日小学的社会价值和历史作用的不断阐释作为立校之本,化作明日教育历程的不竭动力,提出了以下的育人四途径。

第一,明日小学坚持理念育人,坚持学习与践行中国传统文化,以人为本,教师们极其注重德育为先,深化行为规范教育,利用有效的学习实践中国的传统文化。例如,明日小学将弟子规、三字经、二十四孝等刷在学校的围墙上,教育学生时刻牢记中华传统美德,在平时的学习生活中养成良好的行为习惯。明日小学的学生在良好的理念教育的引领下,在行为规范方面取得了良好的效果。

第二,明日小学坚持活动育人,逢节必庆,逢节必赛,逢节必展,逢节必宵,培养师生优良的思想品德和良好的学习习惯及能力,让学校生活生动活泼,保持体育强校与文艺强校的优势。明日小学注重活动育人,比如在平常的节日中会组织学生进行拉练活动,培养

① 叶怀凡,张浩. 陶行知德育思想浅析[J]. 四川理工学院学报(社会科学版),2006(32):89-91.
② 陶行知. 陶行知全集(第四卷)[M]. 长沙:湖南教育出版社,1985:460.

学生吃苦耐劳的精神；鼓励学生投入到活动比赛中为校争光，培养学生顽强拼搏和团结协作的优秀品质。

第三，明日小学坚持环境育人，利用班会、安全教育课、思品课、团队活动、校园之声等载体创造良好的育人氛围，在自然环境和人文环境的熏陶下促进学生的良好发展。

第四，明日小学注重班主任工作，落实对贫困、单亲、留守儿童及爱心班学生的教育。

三、学校注重培养学生的创造能力

（一）以学生为主体，促进学生的个性发展

陶行知提倡，我们要打倒传统的教育，提倡创造的教育。让学生自己去寻找知识，解决困难，贡献他所求得的知识。这种教育是行动的教育，有行动才能获得真正的知识，有知识才有创造，有创造才有热烈的兴趣。所以我们主张行动是中国教育的开始，创造是中国教育的完成。

为了让孩子们可以获得行动的创造教育，明日小学追求学生的个性化教育，坚持中庸之道，避免教育的极端化与教条主义，号召孩子们发挥自己的优势，做有个性的学生。为了追求学生的个性发展，明日小学的做法如下：第一，教师给予学生最大限度的自由和发展空间，不给予学生太多的干涉。例如老师们在检查学生的日记和周记、作文等用文字记录生活的作业时，老师们只能在文末指出学生在文章中出现的错别字和不通顺的句子等，不能妄加评论学生的日记等，这样学生才会有独立完整的思考能力，才能保持自己的个性去更好地创造。第二，在明日小学不单纯以学生的学习成绩为评判标准，而是鼓励学生去发挥自己的特长，比如学校会从幼儿时期培养学生的阅读能力，即使学生在学习成绩方面表现不够优异，但是会通过阅读提升自己各方面的能力，有独立的思考能力；明日小学作为安吴镇的文艺和体育强校，注重挖掘学生长跑、书法等方面的特长，相比于学生整体划一的成长，明日小学更加注重学生在某一方面的突出表现。因此学校更多地倾向于体育、音乐、美术、书法等课程的投入，发掘学生的潜能，促进他们的个性化发展。该学校注重学生体育方面的发展，在高年级（四到六年级）中选拔了一批体育特长生，在平时的学习中加强对他们的训练，提高他们的技能水平。

（二）以生活为根本，提高学生的生活能力

关于创造教育，陶行知先生认为创造的教育是以生活为教育，就是生活中才能求得教育。[①]教育是从生活中得来的。学生从生活中去学，只知学而不知做，不是真的学。我们要能够教，教得其所，要有整个的教育，平等的、行动的教育，不要有畸形的教育。

---

① 陶行知. 陶行知谈教育[M]. 沈阳：辽宁人民出版社，2015：3－178.

明日小学注重学生的创造教育，继承了陶行知在生活中求得教育的理论，注重在生活中提高创造的能力。第一，明日小学是寄宿制学校，学生在学校食堂吃饭，所以校长要求教师要与学生在学校同吃，饭菜也是相同的，同时校长和老师与同学们一样，住在学校的寝室，感受学生们的学校生活。陶行知先生讲到，"如果在一个学校中，老师和学生的饭菜是不同的，那么学生也无法在生活中取得教育，因为这种教育是不平等的、畸形的教育"。① 因此在明日小学，老师和学生吃的饭菜是一样的，学生受到的教育自然而然也是平等的教育。第二，如上所述，因为明日小学是寄宿制学校，所以学校会在平常的生活中教育学生做一个执行力强的人，比如会定期检查学生的寝室卫生情况等，让学生学会在生活中取得良好的教育，提高学生的生活能力。

（三）以实践为动力，提升学生的实践能力

陶行知先生关于创造教育的另一个说法是：行动是老子，思想是儿子，创造是孙子，这是一贯下来的。但是单独的行动也是不能创造的，要创造必须要用脑，手脑结合，是创造教育的开始；手脑双全，是创造教育的目的。行动的教育，是要从小事干起。要解放小孩的自由，让他做有意思的活动。行动的教育，要从小就做起，因为小孩子还没有丧失他行动的本能，我们给孩子自由行动，孩子就能创造。②

明日小学在培养学生的创造教育的过程中注重学生的行动能力，提倡在教育过程中要重视学生的劳动教育和实践教育，将学生头脑中的教育具体化。例如，每逢节日，学校都会组织学生进行拉练活动，让学生走进大自然体验与学校不一样的教育，让学生形成吃苦耐劳、不轻言放弃的良好品质；再者，学校设置了手工课，在手工课上老师们会考察学生的动手能力，同时学校设置了学生的手工展览区，平时会向大家展现由学生们自己手工制作的工艺品，激发学生的创造能力。

关于明日小学的教学实践，牛校长讲到，明日小学的做法是在教育体制内进行改良的一种教学实践，注重孩子们全面的发展，让孩子们在成长的过程中学会表达自己。比如，牛校长讲到要求孩子们写日记一事，学校从不要求孩子们大篇阔论，而是要求孩子们认识到自己内心真实的想法。老师们除了指出错字和不通顺的句子也从来不会去评论孩子们的日记，保护了孩子们的自尊心和表达内心的纯真。同时明日小学注重孩子们书法的练习，无论学到哪一个阶段，都要对书法加以练习。

四、学校注重教师的师德教育

陶行知讲到，一个教育工作者，既要志存高远，又要求真务实；既要总揽全局，又要细

① 陶行知. 陶行知全集(第三卷)[M]. 长沙：湖南教育出版社，1985：471.
② 陶行知. 陶行知谈教育[M]. 沈阳：辽宁人民出版社，2015：3-178.

处入手；既要德正学高，又要自强弘毅；既要富有创见，又要勤于实践；既要善于借鉴，又要勇于创造；既要立足本土，又要放眼全球。简言之，既立志立德，又立功立言，方才可能成为一流的教育家。由此可见，陶行知对师德也提出了一定的要求。①

明日小学重视师德师风的建设，培养了一支优秀的教职工队伍，通过对全校进行社会主义核心价值观教育、校史教育、教师职业道德教育等，老师们树立了正确的世界观、人生观、价值观，树立爱国、爱校、爱岗、奉献的意识，把教育当作终生的事业来做，从而体现了教师的个人价值和社会价值。

（一）以爱为灵魂，关爱学生

爱是教育的前提。罗素说过，凡是教师缺乏爱的地方，无论品格还是智慧都不能充分或者自由地发展。陶行知从他所处的社会实际出发，提出了"爱满天下"的名言。"爱满天下"的对象是每一位学生，"爱"体现在教育者的道德规范中，便是热爱学生、培养学生。

明日小学将陶行知先生作为榜样，奉行"爱的教育"。通过与校长的座谈以及调研得知，学校的17名老师都有着崇高的人格，他们和蔼可亲、平易近人，十分注意尊重学生的人格和自尊心。从不训斥、不体罚、不讽刺、不歧视学生。比如，如果有学生在学习过程中写错字或者出现其他的错误，校长不允许罚学生抄写错字或者错题三遍以上。校长认为这种行为不仅不利于学生对于书法的练习，而且会引起学生对学习的抵触情绪；也不利于学生与老师之间更好的情感交流，老师应该放低姿态与每一位学生交流，用爱去感染他们。再比如，明日小学的一部分幼儿学生的年龄偏小，因此校长更要求教师用爱去对待每一位幼儿学生，因为在校长看来幼儿的发展是对一个人一生习惯、性格的奠基，老师如果能在学生的幼儿时期给他更多的爱，那么学生将会一生受用。所以明日小学的教师用爱去教育每一位学生，"动之以情"，用爱生的情怀激发学生积极向上的情怀，达到了教育的目的。

再者，明日小学强调师爱不是偏爱，教师要给每个学生同样的爱，同时尊重和爱学生也不是无原则的迁就，如陶行知提出的"宽严得宜"方为师爱，只有民主与教育相结合，教育才能取得一定的效果。在明日小学，有的老师的孩子也就读于这所学校，但是在调研期间本人观察发现，每一个学生都叫老师"妈妈"，老师们也没有给任何一个孩子多一份的爱或者少一份的爱，让他们在平等的爱的环境下成长。

（二）教学做合一

陶行知讲到，我国在长期的教学中存在的问题是：老师只管教学，学生只管受教。所以他主张教的方法要根据学的方法，教学做是一件事，不是三件事，我们要在做上教，在做上学。

明日小学实现了教学做合一的教学方式。老师与学生同吃同住，保持了良好的师生关

---

① 陶行知. 陶行知谈教育[M]. 沈阳：辽宁人民出版社，2015：3-178.

系。老师在传授知识的过程中会向学生学习，比如在安吴镇运动会项目前，老师会和学生们一起训练项目，有的老师不会其中的项目，他们会向学生请教，认真学习运动项目，从而和学生一起练习。

一切生活的教学做都要如此方为一贯。否则教自教，学自学，连做也不是真做了。所以做是学的中心，也就是教的中心。

（三）坚持"捧着一颗心来，不带半根草去"的奉献精神

陶行知一生怀揣着乐于为教育事业奉献的伟大情操。"捧着一颗心来，不带半根草去"是他为教育献身的生动体现。他全心全意为人民的教育事业献身，愿为农民"烧心香"，为工农子弟"甘做骆驼"。民族危亡，国难当头，他挺身而出，不顾劳累，奔波海外，宣传抗日，争取国际支援。回国后又不顾危险，抨击国民党政权专制独裁，呼吁和平，为中国的民族命运、民主进步和教育改革付出了毕生精力。

陶行知作为乡村教育的开拓者和奠基人，为乡村教育奉献了自己一生的心血与精力。早年间他辞去大学行政领导职务，从城市走向乡村，从优越的环境转向了艰苦的地区。在《为辞东南大学职务事——致刘伯明》中提到自己辞去高校任职的原因是为事业计，为学生计，个人精力计。他像一个宗教的布道者一样，以一种积极主动的救世情怀垦拓教育事业，他的学校一次次被当局查封，一次次停办，他都坚持自己的内心信念，从来都不被打垮，直到生命的终结。他用实际行动阐释了作为一名教育者的无私奉献精神。他信奉孙中山的"大公无私"，不计个人之得失，不营个人之私利；同时他具有刚毅的品质，主要表现在他的"大丈夫精神"上，"平时要以'仁者不忧，智者不惑，勇者不惧，达者不恋'的精神培养学生和我们自己，有事则以'富贵不能淫，贫贱不能移，威武不能屈，美人不能动'相勉励"。

在明日小学，无论是校长还是老师，作为一名乡村教育者，都为教育事业做出了巨大的贡献。牛校长作为明日小学的拓荒者和开垦人，在学校三十年的发展中鞠躬尽瘁，付出了自己的所有心血。作为一名古稀老人，牛校长在三十年前本具有选择更加舒适的工作的权利，却毅然为乡村教育奔走，创办了明日实验小学，专门接收邻近地区其他学校拒收的儿童。让每一位孩子都能上得起学是牛校长创办明日小学的初衷。明日小学是一所寄宿制学校，要为学生提供吃穿住行，花销费用较高，然而牛校长收取了只能够维持 17 名教职工工资的费用。对于家庭经济困难的学生，牛校长主动减免或者实行延期付学费的方式让每一位学生有学上。不仅如此，牛校长还收养了三名弃婴，和明日小学的十几名教师共同抚养三名学生茁壮成长，给予了他们良好的教育。牛校长具有崇高的师德，他全心为明日小学奉献却不求回报的精神是每一位教育者的最崇高追求；他用一颗心去爱明日小学的每一位学生，让他们体会爱与关怀。在明日小学，学生们亲切地称牛校长为"牛爷爷"，牛校长也将学生们当作自己的亲人去关怀与爱护。

在明日小学，老师们艰苦朴素，与学生同吃同住，住的是简陋的教师公寓、吃的较多的

是素菜，但是他们没有任何怨言，因为明日小学的教师工资来源是在校学生的学费，而明日小学的校长考虑到学生的家庭条件，学费收取较低，所以教师的工资每月只有一千五百元，仅能够维持日常所需。对于这些大专、本科毕业的老师们来说，其实有更多更好的工作可以选择，但是出于对乡村教育事业的热爱和个人的社会使命感，他们选择在明日小学实现自己的人生价值。尽管工资较低，他们却给了学生无私的爱。明日小学的 17 名老师与 163 名学生亲如一家人，尽管明日小学有一部分学生是老师的亲生子女，但是每一位老师都能将所有的学生当成自己的子女去爱，给予他们和亲生子女甚至比亲生子女更多的爱。

明日小学的老师们一直遵循着学而不厌、诲人不倦的教导，用身体力行的方式去启发人，为乡村教育工作者树立了好的榜样。

结论

乡村教育是国家教育的重要部分，乡村教育关系着乡村发展的走向。明日小学作为乡村民办小学的缩影，将陶行知的教育理念运用于办学过程，同时也为乡村教育做出了贡献：致力于乡村教育与平民教育，促进了教育起点的公平；德育为先的教育理念，有利于学生的身心健康发展；加强学生的创造教育，推动了学生的创造与实践能力，促进了个性化教育的实现；加强师德教育，不仅构建了教师与学生良好互动的环境，而且更大程度地提升了教师价值感。明日小学身体力行，为乡村民办小学作出了榜样。

乡村民办小学作为乡村教育的一部分，在发展过程中承担着乡村教育的使命与责任，所以在办学过程中应该学习与借鉴陶行知的教育理念，构建良好的学生、老师、学校为一体的育人环境，促进乡村教育的良好发展。

★ 参考文献

[1] 杨海潮. 用陶行知教育思想指导办学实践[J]. 教育管理，2017，4(2)：46-48.

[2] 刘京京. 陶行知社会教育思想实践探析：以育才学校为中心的考察[J]. 教育探索，2017，6(2)：4-7.

[3] 任仕君，龙丽霞. 缺乏实践是原创性教育理论生成的瓶颈[J]. 教育研究与实验，2017，9(4)：30-36.

[4] 高敏. 教育爱的践行者：陶行知[J]. 高教论坛，2016，4(7)：141-143.

[5] 魏波. 民主教育：陶行知教育思想的内核[J]. 清华大学教育研究，2015，4(9)：162-165.

[6] 张炳生. 陶行知主体性德育思想探求[J]. 云南大学学报，2014，6(5)：17-18.

[7] 叶怀凡，张浩. 陶行知德育思想浅析[J]. 四川理工学院学报(社会科学版)，2006，3(2)：89-91.

［8］　何婧宇. 陶行知五大教育思想微探［J］. 素质教育，2018，4(8)：60－61.

［9］　陶行知. 陶行知全集(第四卷)［M］. 长沙：湖南教育出版社，1985：460.

★ 作者简介：马丽，女，长安大学马克思主义学院思想政治教育专业 2014 级本科毕业生，现为长安大学马克思主义理论专业 2018 级硕士研究生。

★ 指导教师：殷莉。

当前我国乡村旅游转型升级的途径探析

——以陕西省泾阳县龙泉公社为例

李文龙

摘 要 党的十九大报告首次提出了用乡村振兴战略统筹乡村发展，并且促进乡村旅游的转型升级是贯彻乡村振兴战略的有效途径。国家在实施乡村振兴战略的同时为乡村旅游的发展带来了机遇，也带来了挑战。本文以陕西省泾阳县龙泉公社为例，采用实地调查与访谈的方法，分析了当前龙泉公社乡村旅游的发展现状，总结了乡村旅游转型升级面临的问题，主要包括旅游项目同质化严重，专业人才、旅游配套设施建设不完善，营销联动措施有待加强等问题，深入剖析了问题产生的原因，且有针对性地探析了乡村旅游转型升级的途径，为推动乡村旅游的升级发展提供实效的借鉴与参考。

关键词 乡村旅游；转型升级；途径；乡村振兴战略

引言

党的十九大报告中第一次创造性地提出实施乡村振兴战略，农业、农村、农民问题是关系国计民生的根本性问题，必须始终把解决"三农"问题作为全党工作的重中之重。当前中国的乡村旅游处在乡村振兴的战略背景下，用"五句话，二十个字"概括乡村振兴的总要求，即"产业兴旺、生态宜居、乡风文明、治理有效、生活富裕"。发展乡村旅游是贯彻和实施国家战略决策的重要任务和实践需求。乡村旅游业的发展是一条吸引外资、增加农民就业、提高农民收入、带动经济发展的重要渠道，但当前乡村旅游的转型升级面临人才缺乏、同质化严重、基础设施不完善、营销联动有待加强等问题。乡村旅游如何在乡村振兴战略背景下转型升级、协调发展，值得探析和研究。

一、当前乡村旅游取得的成绩

（一）乡村旅游产品类型多样

陕西省龙泉公社（龙源村）地处渭北"旱腰带"嵯峨山下，占有耕地面积 4443 亩，人口 3385 人。龙泉公社除了具有 8000 亩生态林外，还以水果种植为重点，在半山腰打造了独具特色的观光游览和水果采摘园区，系统地划分为六大园区，分别是葡萄园、樱桃园、柿子园、苹果园、冬枣园和梨园，共计 6000 余亩经济林。水果的种植，不但改善了这里的生态环境，也靠采摘、观光吸引了众多游客，为乡村旅游发展奠定了基础。在政府相应政策的扶持下，龙泉公社适应当前经济社会发展需要和依托生态治理成果，投资 3.5 亿元建成了由民俗餐饮、文化展示、温泉养生、生态家园、休闲娱乐、时令杂果采摘、花卉展示七大板块组成的一体化现代农业观光园。目前龙泉公社总占地达 1.6 万亩，森林覆盖率达到 80％以上，生态加旅游的价值达到 10 亿元以上，成为西北部生态优美、文化汇聚、观光游览的一大亮点。

（二）乡村旅游人数和收入逐年持续增长

随着收入水平的提高，人们对于精神生活的需求更加旺盛，消费升级和政策红利引领下的文旅产业，正在成为"市场需求的宠儿、经济发展的骄子、资本追逐的对象"。龙泉公社依靠丰富多彩的旅游资源和独具特色的山水风景，为游客提供具有民族特色的表演节目和休闲娱乐活动等，在一定的程度上间接地宣传了龙泉公社的乡村旅游，便于将本地的资源优势转化为经济优势，吸引来自五湖四海的游客。农业部副部长陈晓华在全国休闲农业和乡村旅游经验交流会上对 2015 年的全国休闲农业和乡村旅游取得的成绩做了详细陈述：2015 年全国休闲农业和乡村旅游接待游客超过 22 亿人次，营业收入超过 4400 亿元，从业人员 790 万人，其中农民从业人员 630 万人，带动 550 万户农民受益。在"十二五"时期每年游客接待数量和营业收入平均增长速度超过 10％。相对全国取得的乡村旅游和休闲农业成绩而言，龙泉公社自开园以来，带动了周边的经济产业，乡村旅游和休闲农业营业额达到 1.96 亿元，年接待游客超过 260 万人次，旅游人数仍在逐年上升，取得了明显的社会效益和经济效益。

（三）持续调整和优化乡村旅游运营模式

当前我国具有以下几种乡村旅游运营模式：农业观光型模式、农业生态型模式、农业示范型模式、农村民俗型模式。随着全国"乡村旅游经济"的热潮不断升温，建设者们大多只是根据当地所具有的旅游资源，直接套用现有的模式来实现产业结构的转型升级，并不能实现乡村旅游的持续、健康发展。而发展乡村旅游关系到农业的经营管理、自然资源的开发和保护等多个方面，所以在发展旅游业时应该有计划、有步骤、分阶段地进行。龙泉公社充分认识和发挥乡村旅游的作用，促进产业结构的优化和升级，大力发展以乡村旅游为中心的第三产业，促进一、二、三产业的协调融合发展。龙泉公社从刚开始的蔬菜、花卉等单一产业逐渐向规模集约型产业发展，并且从以前的采摘、体验农家乐等单一化形式逐渐向多产业一体化经营转变，进而使产业结构不断优化，功能不断拓展。目前"旅游＋"已经成为产业体系升级优化的新动力，并且龙泉公社主动促进旅游与农业、工业、交通、航空、教育、卫生、体育等各领域融合，积极推动科技旅游、体育旅游、健康旅游等新产品的发展。

二、当前我国乡村旅游转型升级面临的问题

（一）乡村旅游项目同质化严重

游客参观一些旅游景点，往往是被与之相关的文化内涵和山水风景所吸引，其中蕴藏着很多商机，却不应该被滥用。然而龙泉公社的一些旅游项目开发既无创意又无质量，既不关心文化也不关心旅游，只是一味地想着变现，并且乡村旅游的产业链较短，缺乏创新，仍然以农家乐、游乐场、水果采摘为主要表现形式。陕西省的旅游资源丰富，在乡村振兴战略决策的扶持下，乡村旅游如雨后春笋般崛起，但发展过于迅速，缺乏相应的规划和眼光，造成乡村旅游项目同质化严重，缺乏本地特色。同质化比较严重，一方面造成特色乡村之间的旅游竞争，另一方面也会造成游客的审美疲劳，吸引能力下降。乡村旅游的主要消费者来自乡村周边的城市，目标市场比较集中。正是由于目标市场的集中，同质化竞争比较激烈，营销和推广难度的加大，造成低价低水平的发展，紧接着就是盈利水平的下降，形成一个恶性的循环。

（二）乡村旅游开发与管理运营人才缺乏

据统计显示，2016年国内旅游人数达到44.4亿人次，但是国内大部分景区的游客重游率不足1％，然而在旅游业发达的国家，很多景区的重游率高达70％以上。龙泉公社乡村旅游的重游率也相对较低。导致旅游景区重游率低的重要原因之一就是乡村旅游的开发与管理运营人才缺乏。我们可以从以下三个方面来分析：第一，从薪酬方面来看，乡村旅游从业人员的工资水平偏低，而与西安周边景点的薪资、福利待遇相比差距较大，很大程度上降低了乡村旅游业对人才的吸引力。第二，从个人的发展方面来看，龙泉公社的工作人员对于职位的晋升和个人的发展普遍存在"天花板"问题。虽然公社的领导部门已经意识到问题的重要性，但问题的解决和人才的引进仍需要时间。第三，从管理培训方面来看，龙泉公社对于从业人员的培训次数较少，并且培训的内容大多是关于安全和发展的，而专业技能和管理运营方面的培训相对薄弱，导致从业人员基本素质和管理能力得不到改善和提高。

（三）旅游景点周边的配套设施不齐全

在发展乡村旅游和建设美丽乡村政策的引导下，龙泉公社周边的公共服务设施有了很

大的改善，但部分基础设施建设滞后，如辖属的刘德村、毛家村、岳家村等一些村落。龙泉公社周边的公共服务设施与城市旅游景点相比存在很大差距，不能满足人们日益增长的旅游需要。在实地的调查过程中发现，随着乡村旅游的不断发展，龙泉公社周边已经建成电力和医疗等基础设施，但是承载量比较有限，由于旅游淡旺季比较明显，相对旺季来说，环保设施和医疗卫生方面依然具有局限性。基础设施的薄弱，主要表现在道路差、垃圾污水处理设备缺乏、厕所数量不足、停车场建设不合理、医疗卫生不齐全等。在建设乡村道路、房屋等基础设施的同时，要统筹考虑垃圾处理、污水处理、现代厕所等设施的规划建设，形成事前科学谋划、事中宣传引导、事后及时治理的完整服务体系。

（四）乡村旅游营销联动举措收效甚微

作为乡村旅游参与主体的政府、企业、村民三者之间不能很好地协同，甚至出现了脱节的情况。政府关于旅游政策的宣传，以及公司和村民不能对政策进行实际的贯彻和落实，三者之间缺乏积极有效的沟通和联动，进而造成乡村旅游产品销售困难和旅游市场紧缩。目前龙泉公社的乡村旅游开发粗放，仍然处在低水平的初级发展阶段。由于缺乏对生态环境、旅游资源和市场需求进行细致的研究和分析，在发展乡村旅游产品时往往追求"大而全"。这种情况的存在是乡村旅游发展初期难以避免的，但随着发展的加速，又没有政府指导下的整体联合，要想实现可持续发展是很难的。没有连片式地发展公社周边村庄的旅游，并且不依据自然生态、市场客源充分发挥农林牧渔等资源要素的融合联动，因地制宜地发展独特的乡村旅游产品，容易造成乡村旅游开发故步自封、停滞不前。

三、当前乡村旅游转型升级面临问题的原因分析

（一）乡村旅游管理措施不健全

乡村旅游管理水平的高低和效率取决于乡村旅游管理的方式。随着乡村旅游管理的现代化发展，管理方式也在不断地得到改善。建立高效和高水平的信息网，使管理方式的技术含量得到提高，促使管理措施更加现代化。然而在当前龙泉公社乡村旅游的发展过程中管理方式仍然比较单一和滞后，没有形成体系化和现代化的管理措施，只是照搬和模仿学习其他旅游景点的管理措施，造成效率低下，阻碍了本地乡村旅游的发展。管理部门在管理措施上也只是学习和借鉴其他旅游景点，因而在旅游项目的开发和挖掘过程中仍旧是照搬和模仿，造成本地的旅游项目和其他地区的大同小异。乡村旅游如果没有统一的机构进行协调，就可能束缚企业和当地创业村民的手脚，导致乡村旅游在经营管理和创新发展上缺少应有的活力，使系统要素的整体功能小于部分之和。

（二）乡村旅游经营主体力量弱小

龙泉公社的旅游业经过多年的发展，逐渐形成了经营主体多元化的格局，农户、集体、

企业等多种经营性形式共同存在，但是不能否认，在当前，龙泉公社的旅游业依然存在体制不完善、经营主体弱小、营销方式落后、基础设施不完善、抵御风险能力差等问题。乡村旅游的开发和经营仍然处在摸索阶段，本应该成为乡村旅游主体的村民还没有完全地参与进来，造成经营主体相对弱小。村民在乡村旅游中获得的发展机遇和收益越大，他们就会越支持和参与发展乡村旅游。根据在龙泉公社的实地调查得知，龙泉公社旅游业的发展对附近的村庄，如冯家村、毛家村、刘德村村民的生活方式和生活习惯影响较小，村民收入并没有得到明显地提高，进而村民参与发展的积极性也不高。现阶段村民只是给游客提供农业产品和从事最简单的服务工作，而下一步村民参与乡村旅游的内容和途径需要进一步地拓展。

（三）政府资金投入和政策支持滞后

乡村旅游的发展是由政府作为主体以行政力量推行的，其所在区域的地方政府是乡村旅游发展的决策者，政府可以迅速有效地筹集人力、物力、财力，并形成一种自我强化的制度惯性。乡村旅游发展的资金来源以政府投资为主，企业融资和村民集资为辅，共同开发旅游资源，实现利益共享。龙泉公社的旅游发展在交通、医疗、教育、电力等方面还有待完善，丰富的旅游资源和风俗民情也有待开发，更需要政府政策的大力支持。地方政府要将乡村旅游的配套设施建设纳入"三农"建设的总体布局之中，统筹规划、科学指导、循环渐进地加大资金投入，给予乡村旅游发展相应的优惠政策。重点改善龙泉公社旅游景点的交通条件，扶持修建公路、停车场等基础设施，增加景区的游客容纳量和承受力。

（四）乡村旅游需求驱动力不平衡

中国特色社会主义已经进入新时代，社会主要矛盾已经从"人民日益增长的物质文化需要同落后的社会生产之间的矛盾"转化为"人民日益增长的美好生活需要和不平衡不充分的发展之间的矛盾"，当前乡村旅游和休闲农业的发展并不能满足游客精神层面的需求。乡村旅游的需求驱动力主要来源于两个方面：一方面来源于游客的工作压力和环境产生的推力，另一方面来源于乡村旅游自身的特色所产生的拉力。乡村旅游的大部分游客是城市居民，他们在选择乡村旅游目的地时是在推力因素和拉力因素的共同作用下产生的。乡村旅游的市场需求起主导作用的是城市居民的工作压力和环境、空闲的业余时间所产生的推力。龙泉公社自身的旅游项目所产生的拉力处于次要地位，造成乡村旅游需求动力系统中的两个驱动因子作用发生了不平衡。这种情况下不利于龙泉公社吸引距离较远的游客，并且由于自身的旅游资源还缺乏专业人才进行管理，地方特色不鲜明，目前还没有成为具有广泛影响力的乡村旅游景点。

四、促进乡村旅游转型升级的实效性途径探析

（一）突显当地旅游特色，打造旅游品牌

2017 年 10 月，国家发展改革委、农业部、国家林业局联合印发了《特色农产品优势区

建设规划纲要》，大力支持和鼓励地方做大做强优势特色产业，创建具有特色品牌的优势区，把地方的民族风俗和土特产做成增加农民收入的多样化产业。在接下来的发展过程中，龙泉公社应该进一步优化特色农产品生产布局，引进先进的技术和专业人才，集中人力、物力、财力打造本地的特色品牌，这是推进乡村旅游可持续发展的有效途径，是提高龙泉公社旅游景点竞争力的必然选择。要坚持政府的规划引领，实施一村一品的策略，深挖地方人文资源，开发特色旅游项目，实现立体式、全方位、创新性发展。例如，利用水源优势，发展温泉养生；利用温差采光的优势，发展葡萄采摘和酿酒的特色；利用土壤地势的优势，开发具有地方特色的窑洞宾馆。当前，乡村旅游发展的差异性相对较低，"吃农家饭，住农家院，干农家活"的低水平的发展模式已经逐渐丧失吸引力，不能适应新时代乡村旅游的发展需求，只有突出特色，形成品牌，乡村旅游才能发展得更好。

（二）重视人力资源培训，提升旅游服务水平

习近平总书记在十九大报告中讲到培养一批懂农业、爱农村、爱农民的"三农"工作队伍。好的乡村旅游建设，一定有好的管理团队。就目前国家大力实施乡村振兴战略的形势而言，乡村旅游企业对旅游人才能力有着更高的要求，包括旅游人才的专业实践能力、应变和创新能力、团队协作能力、媒体运营能力、广告设计能力等。龙泉公社应该以陕西省的高校为依托，加强乡村旅游人才的培养和培训，树立全新的旅游发展观念，改善乡村旅游服务的质量。旅游企业可以在政府的指导下利用高校带来的资源和优势，通过建立人才交流平台，帮助乡村旅游从业人员提高专业水平。建立院校和科研机构实习基地，一方面可以在旅游旺季根据企业岗位的需要选派学生进行实习，缓解人手不足的情况；另一方面，公司也可以进行人才的储备，与有意向毕业后留下工作的学生提前签订协议，留住人才。建立知识、数据共享平台，院校和科研机构可以为旅游企业建言献策，而旅游企业也可以为院校和科研机构提供真实有效的一手资料和研究数据，为后期研究做准备。人才是兴业之本，是推动乡村旅游发展的关键。龙泉公社要着力培养创新型、复合型、科技型旅游人才，培养和造就一批具有国际视野和专业水平的战略人才、青年人才，为发展优质旅游奠定基础。

（三）依托政府与社会资本合作项目，完善旅游配套设施建设

通过政府和社会资本的合作，旅游景点的开发和建设所需要的资金更多地由私营机构进行投资和融资，进而缓解了政府部门增加财政预算的压力，因此公共部门也就有时间和资金开展更多、更大规模的关于乡村旅游的基础设施建设。各级地方政府应该拓展融资的渠道，鼓励社会资本的投资，加强先进技术的投入，合理保障乡村旅游人居环境的舒适度。首先，梯次推进乡村生活污水治理。积极推广低成本、低能耗、易维护、高效率的污水处理技术，鼓励采用生态处理工艺。其次，推进农村生活垃圾治理。统筹考虑生活垃圾的利用、处理，建立健全符合乡村实际、方式多样的生活垃圾收运处置体系。最后，开展厕所粪污治

理。按照群众接受、经济适用、维护方便、不污染公共水体的要求，普及不同水平的卫生厕所。改善农村人居环境，建设美丽宜居乡村，是实施乡村振兴战略的一项重要任务，事关广大农民的根本福祉，因此要循序渐进地加强政府和社会资本的合作，完善乡村旅游配套设施建设。

（四）拓展营销渠道，提升乡村旅游的社会美誉度

成立体系化、全方位的营销部门和队伍开展营销工作，加强宣传的力度，提高旅游品牌的知名度。宣传的重要性人人皆知，而目前龙泉公社的宣传力度相对较低，影响力有限，因此必须由相关的领导干部牵头，形成合力，联合促销，实施"走出去"的旅游发展战略。牵牛要牵牛鼻子，要在分清乡村旅游一级、二级、三级市场的基础上，抓重点市场，提高游客重游率。在节假日和周末，人们的时间和精力比较充足，旅游欲望强烈，乡村旅游可以采取广告促销和人员促销双重促销策略，宣传本地的旅游特色，提高知名度。一方面在城市人流量较大的地方悬挂广告牌吸引潜在游客的关注；另一方面在小区、大型购物广场、大的活动会场进行人员推销。随着网络的迅速发展，我国互联网的用户超过 8 亿，智能手机的占有率接近八成，通过手机上网的用户远远超过电脑和平板。除了通过传统的宣传方式，龙泉公社可以凭借互联网技术向客源对象发布关于乡村旅游的信息，通过建立微信公众号、APP、微博等自媒体平台，推送关于旅游的视频、图片和资料，多层次和全方位地展示当地独特的旅游项目，进而吸引游客前来。

结语

近年来，随着国民收入的增加和城市化进程的加快，乡村旅游取得了显著成绩的同时，其发展也具有了巨大的潜力。但目前乡村旅游项目仍存在发展模式差异性较小、人才匮乏、基础设施和营销联动举措有待完善等问题，造成龙泉公社乡村旅游的发展陷入了客源减少和收益下降的困境。因此龙泉公社应该进一步整合旅游资源，并进行科学的资源规划，打造特色的旅游品牌；注重人力资源的培训和引进社会资本，改善乡村旅游的服务水平和基础设施建设，提升龙泉公社乡村旅游的核心竞争力。乡村旅游的发展是以丰富的历史文化资源、独特的民族节日、良好的生态环境为基础的旅游品种，在未来的发展过程中，龙泉公社乡村旅游的转型升级、协调发展必须注重历史文化资源、农业生态环境等旅游资源的保护，坚持开发和保护并举，差异化地设计旅游产品，着力体现龙泉公社乡村旅游的无限魅力，从而实现乡村旅游的可持续发展。

★ 参考文献

[1]　习近平. 决胜全面建成小康社会 夺取新时代中国特色社会主义伟大胜利：在中国共产党第十九次全国代表大会上的报告[R]. 北京：人民出版社，2017.

[2]　刘少华. 人民日报人民时评：诗和远方要多花些心思去抵达. 2018 - 8 - 15.

[3]　赵琳琳. 发展乡村旅游助推农村产业结构调整[N]. 中国产经新闻，2016 - 5 - 12(6).

[4]　向富华. 乡村旅游开发：城镇化背景下"乡村振兴"的战略选择[J]. 旅游学刊，2018
　　　(7)：16 - 17.

[5]　王晨光. 集体化乡村旅游发展模式对乡村振兴战略的影响与启示[J]. 山东社会科学，
　　　2018(5)：34 - 41.

[6]　陈天富. 美丽乡村背景下河南乡村旅游发展问题与对策[J]. 经济地理，2017，37
　　　(11)：236 - 240.

[7]　张强，张怀超，刘占芳. 乡村振兴：从衰落走向复兴的战略选择[J]. 经济与管理，
　　　2018(1)：6 - 10.

[8]　李铜山. 论乡村振兴战略的政策底蕴[J]. 中州学刊，2017(12)：1 - 6.

[9]　唐任伍. 新时代乡村振兴战略的实施路径及策略[J]. 学术前沿，2018(2)：26 - 28.

[10]　姜长云. 实施乡村振兴战略需努力规避几种倾向[J]. 农业经济问题，2018(1)：8 - 11.

[11]　储光. 南京市休闲旅游产业现状及发展对策探析[J]. 东南大学学报(哲学社会科学
　　　版)，2014，16(1)：113 - 116.

[12]　刘枭，丁智才. 福建省"森林人家"乡村旅游模式发展现状及对策研究[J]. 中国海洋
　　　大学学报(社会科学版)，2016(3)：92 - 97.

[13]　单忠业. 辽阳地区河栏镇乡村旅游现状及对策研究[D]. 吉林大学，2017.

★ 作者简介：李文龙、袁曦，长安大学马克思主义学院马克思主义理论专业 2017 级硕士研
　　　究生。

★ 指导教师：赵晓妮。

基于"易班"的高校网络育人平台优化研究

郭静文

摘　要　大力推进网络教育，引导师生强化网络意识，守护好网络精神家园是中共教育部在贯彻十九大精神中提出的。"易班"作为兼有综合服务功能的网络育人平台，经过在上海十年的建设发展，目前已推广至全国各高校。因此基于"易班"分析我国高校网络育人平台存在问题，进而提出优化策略，具有较高的现实价值。

研究使用问卷调查和访谈的调研方法，收集了陕西省 5 所高校"易班"平台使用数据。采用 Excel2013 和内容分析法分析数据，发现"易班"平台现存问题主要有以下几点：基于"易班"的校园网络亚传播圈尚未形成；"易班"育人内容创新性有待进提高；部分高校缺乏育人品牌维护意识；共建"易班"高校育人水平差异明显。

结合访谈分析，将"易班"平台现存问题归因为以下几点："易班"管理者综合素质有待提高；高校网络育人平台竞争激烈；高校"易班"共性建设与个性发展不协调；高校"易班"建设未植根原有网络育人生态。

根据数据分析结果，比较借鉴其他平台建设经验，研究提出的优化策略为提升"易班"平台魅力，打造"易班"品牌核心竞争力，建立基于"易班"的网络育人大数据评价体系，培育"易班"意见领袖，充分发挥"易班"网薪的价值衡量作用等方式，实现对"易班"等高校网络育人平台的优化。

关键词　高校网络育人平台；易班；优化对策

前言

2017 年 10 月，十九大报告中习总书记提出了"牢牢掌握意识形态工作领导权"，"加强互联网内容建设，建立网络综合治理体系，营造清朗的网络空间"①推动社会主义政治、文化建设的重要论断，为新时代高校网络育人指明了发展方向。在 2016 年 12 月的全国高校

---

① 中国共产党第十九次全国代表大会文件汇编[G]. 北京：人民出版社，2018：10.

思想政治工作会议上，习近平总书记指出，"做好高校思想政治工作要因事而化、因时而进、因势而新，遵循思想政治工作规律，遵循学生成长规律"①。除了利用好课堂教学主渠道之外，满足学生成长发展需求和期待"运用新媒体、新技术使工作活起来，推动思想政治工作传统优势和信息技术高度融合，增强时代感和吸引力"是做好高校思想政治工作的必然趋势。

"互联网＋"时代，微博、微信、QQ 等公众平台受到了九零后大学生的追捧，为了更及时准确地了解学生的思想动态，开展高校网络育人实践，也为了给学生创造更好的交流互动平台，教育部、团中央投入大量资金，不断推出新的公众平台，如中国大学生在线、易班、青年之声。"谁赢得了互联网，谁就赢得了青年"，网络育人平台的发展直接影响到高校思想政治教育工作。

"易班"作为一个兼有教育教学、文化娱乐和生活服务功能的网络育人平台，经过在上海等高校近十年的建设发展，目前已推广至全国大部分高校。2015 年，"易班"在西北农林科技大学、陕西科技大学投入试点建设。2016 年，陕西科技大学"易班"工作站被评为全国"十佳"易班工作站。2017 年 9 月，长安大学"易班"工作站正式挂牌。

因为用户使用习惯、校方推广宣传不到位等原因，"易班"在高校的推广并非一帆风顺，在高校学生中的发展依然存在用户黏度低、使用频率低、用户使用积极性不高等现象，有些学校通过强制学生使用"易班"以提高平台用户黏度，这不仅没有从根本上解决这一问题，反而引起了学生的逆反心理，使"易班"等高校网络育人平台陷入了发展瓶颈。

一、"易班"与高校网络育人

"易班"作为高校网络育人平台的代表，为实现培养德才兼备、以德为先的高校育人目标服务。在对高校网络育人、高校网络育人平台、"易班"等相关基本概念梳理的基础上从必要性和重要性两个维度分析建设高校网络育人平台的内在原因。

（一）高校网络育人

"互联网＋"时代，网络已不仅是影响人们学习和交流的重要工具，当网络渗透到生活的每一个角落，与教育相结合便催生了网络育人这一思想政治教育新形态。

在查阅了相关文献之后，笔者将目前学术界对网络育人内涵界定进行了归纳：第一，从网络教育的角度入手，把网络育人看成是一种有关网络的教育。第二，从网络技术的角度出发，将网络育人归结为一种利用现代网络技术对人进行教育的一种影响。第三，认为网络育人是通过网络这一工具对受教育者进行的一种有目的性、计划性和组织性的教育活动，最终目的是为了实现人的价值。第四，从网络文化这一大环境入手，认为网络育人是基

---

① 习近平. 把思想政治工作贯穿教育教学全过程［EB/OL］. http：//www.xinhuanet.com.2017.12.

于网络环境背景下开展的一种育人工作。

综上所述，与传统育人相比，网络育人有以下特点：首先，在形式上有所突破，网络育人是一种网络与教育相结合的新型育人形式，但并不是网络与教育的简单相加，而是两者的有机结合。其次，在方式上，网络育人增强了教育的互动性，打破了传统灌输式教学育人的局限，最大程度上调动了受教育者的积极性、主动性。再次，在范围上，网络育人打破了传统教学育人的时间、空间局限，覆盖面更加广泛。最后，在内容上，网络育人不局限于课堂理论学习，更加贴近受教育者生活实际，有利于实现思想政治教育生活化。

高校网络育人是在高等教育教学目标引导下，通过信息技术的运用，依托网站、APP等互联网平台对学生的道德、专业知识、专业技能进行培养以提升学生品质为核心的教育手段。高校网络育人包括育才、育德两大方面，育才即指对学生专业能力、学习能力、创新能力的培养。育德工作即是开展与思想政治教育相关的系列工作，实现"立德树人"，本文对高校网络育人的分析仅从育德角度出发，讨论目标是增进大学生对社会主义核心价值观的认知认同、情感认同、行为认同。

（二）高校网络育人平台

在中国知网以"高校网络育人平台"为主题进行搜索，近几年的相关论文发表均为个位数，2011年、2014各有3篇，2016年、2017年各有4篇，2012和2015年每年只有1篇。研究生、博士等关于系统性研究高校网络育人平台的学术论文几乎为零。因此可以看出，目前还缺少学者对高校网络育人平台的直接定义，更多是结合网络育人平台的性质、特征进行的间接定义。

耿毅乾、薛翔宇（2015）认为"学校可以通过建设专题网站和QQ群、微信群，开通微信公众账号、官方微博等方式，架构一个得到广大师生认同和喜爱的多元化网络平台"。任玉英、宋明枫（2012）认为可以考虑"从整合校园网络综合大平台和建设二级学院特色小平台两个方面切实提高网络育人有效性"。李晓娟（2018）认为"要从提升网络育人平台吸引力、改善网络育人环境、加强网络育人队伍建设三个方面入手，助力高校网络育人平台发展。"

综上，高校网络育人平台其实是指包括通过专题网站、APP、微信公众号等多种网络媒介实现高校育人目标的平台，具有满足用户不断变化需求的能力。本文着重探讨的是高校网络育人平台的育德维度。

（三）易班

"易班"平台的官网是这样介绍自己的，"易班是提供教育教学、生活服务、文化娱乐的综合性互动社区。网站融合了论坛、社交、博客、微博等主流的Web2.0应用，加入了为在校师生定制的教育信息化一站式服务功能，并支持Web、手机客户端等多种访问形式。""易班"在高校中设立了学生工作站，开展了丰富多彩的校园文化活动，已经成为全国教育系统的知名文化品牌。

我们可以了解到"易班"的本质、基本功能、功能实现途径等内容，至少有以下几点："一是'易班'是网络活动社区；二是'易班'有思想教育、教育教学、生活服务、文化娱乐等功能；三是'易班'通过开放的二级域名和设立工作站提供基本的网站服务。"

"易班"作为高校网络育人平台具有以下特征：

（1）即时性。之所以说"易班"平台具有即时性，是因为它实现了信息即时发布、即时反馈、即时引导的结合与统一。

即时发布即校园"易班"平台管理者通过"易班"将校园重大信息即时发布于网站。线上信息的通知相比于线下的通知（学校领导——学院老师——班委/学生会——学生）的效率要提高很多，信息内容也更加直观、公开，不会因为信息传递的层级增加而导致信息内容在传递中的扭曲与变形。

即时反馈即学生在收到信息之后，可以在第一时间（如利用"我要留言"等评论版块）发表自己的观点、意见及看法。学生在发表自己的意见时既不用通过寻找老师、领导层层传递自己的想法，也不用过分担心言论发表引发别人对自己的看法。

在即时反馈的基础上，平台管理者可以对校园内外网络群体性事件即时引导。对于积极正面的思想言论，后台管理者予以正面回应；对于消极负面的思想，管理者可在适当范围内限制问题的探讨，然后将问题引向正面，引导校园舆论导向，实现"理论热点面对面"，真正做到多主体参与校园管理。

（2）规制性。规制性也称调控性或可控性，即网络平台管理者通过舆情引导学生思想，约束学生行为。

实现"易班"的规制性，就需要将舆情引导与学生的心理健康教育相结合。如陕西科技大学通过"易班"平台开展"最美学霸笔记"活动以及西北农林科技大学利用"易班"开展的"光影心播客"活动。一方面，这些活动的开展实现了"易班"线上、线下的融合统一；另一方面，"最美学霸笔记"活动为我们树立了正面典型人物，通过抓典型、抓示范调动了学生的积极性和创造性，"网络育人就是要善于发现、树立、宣传、推广先进典型"，"易班"在高校的推广有利于通过典型教育法实现其思想政治教育功能。

同样，"光影心播客"活动的开展充分体现了高校"以人为本"的德育理念。随着网络信息化的快速发展，人们的社会压力逐渐增大，思想困惑日益增多。"光影心播客"活动的开展增强了对高校学生的人文关怀，而"渗透人文关怀、体现人文关怀，是增强思想政治教育亲和力、感召力、提高思想政治教育实效的关键。"通过人文关怀这种寓教于情的渗透、感染有利于达到以情感人、以情育人的目的，从而实现对"易班"用户思想的引导，实现其规制性。

（3）参与性。"易班"平台作为大学生思想政治教育平台与其他学生思政教育平台相比，其最大的区别就在于"易班"平台的管理运行是学生为主，教师为辅。不可否认，这种管理运行模式极大地调动了学生参与的积极性，提高了平台管理的参与度。

目前，学校领导十分关心平台运行发展，并对"易班"发展进行思想引领，具体工作则由工作站学生完成。"易班"在陕西科技大学和西北农林科技大学都设有"易班"建设领导小组。以陕西科技大学"易班"工作站为例，在组织建设中采用了网络公司的企业化管理方式，工作站内设站长（1 名）、副站长（1～3 名）、同时工作站内设六大部门：技术部、人事部、运营部、媒体中心、体验服务部、设计中心（见图1），各部门部长带领其部门成员处理本部门的事物，可以说既有分工又有协作。

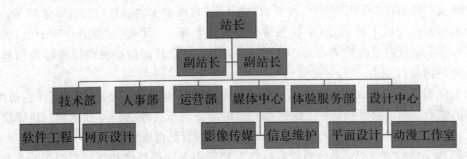

图1　陕西科技大学校"易班"工作站组织架构图

"易班"共建高校的日常工作主要由学生负责，教师主要是思想引领，这样的管理模式为学生提供了自我服务、自我管理、自我教育的机会。

（4）因地制宜性。在与西北农林科技大学"易班"工作站的老师进行交流时，他告诉我们："经过三年的'易班'校园建设，我觉得'易班'更像是安卓系统，你可以在一个大的平台基础上建立与开发自己需要的应用，这也是'易班'活力的来源。"

浏览易班网，不难发现各高校结合本校学生需求在"易班"平台上开发了本土化的应用，以满足该校学生的需求。如西北农林科技大学分南北两校区，其中南校区为教学区，北校区为行政办公区，南北两校区相隔较远，学生请假不得不从南校区到北校区，十分不便。"易班"工作站学生为解决这一问题，在"易班"平台上开发了请假系统，学生通过该系统向辅导员老师请假，辅导员通过系统批准请假后，学生不用再找老师开请假条，这一应用正式上线后，极大地方便了学生，受到了学生的肯定。

在陕西科技大学"易班"平台上推出的"宿舍报修"功能也是"易班"发展因地制宜性的表现。为了使学生宿舍桌椅、电器在坏时能得到及时维修，"易班"工作站人员与校宿管科人员进行了沟通，在"易班"平台上推出了"宿舍报修"，这样学生不用出宿舍，不用找宿管，直接在手机或者电脑上就可以把损坏的器具进行上报，还可上传照片，宿管科人员也可通过平台及时回复学生，沟通维修时间，让宿舍器具的维修更方便。

因地制宜性让"易班"具有更顽强的生命力，也让各高校"易班"工作站的学生有了更大的发展空间，他们可以结合本校的具体情况、在"易班"平台上找到学生需求的最大公约数，建立满足学生需求的新应用，提高"易班"用户使用频率，增加用户黏度。

（四）建设高校网络育人平台的内在原因

"易班"作为高校网络育人平台的代表，在十年间实现了从上海辐射全国的覆盖推广。其内在原因包括以下四个方面。

1. "易班"平台建设顺应了时代要求

中国互联网络信息中心（CNNIC）发布《第 41 次中国互联网络发展状况统计报告》显示，截止 2017 年 12 月，我国网民规模达 7.72 亿，全年共计新增网民 4074 万，互联网普及率为 55.8％（见图 2），较 2016 年底提高 2.6 个百分点。从图 3 中不难看出，10～19 岁和 20～29 岁年龄阶段的人数占据了中国网民总数的半壁江山，达到 49.6％。

图 2　中国互联网络中心第 41 次统计中国网民规模及互联网普及率

图 3　中国互联网络中心第 41 次统计中国网民年龄结构

在"互联网＋"时代，手机用户体验随之发生改变，为大学生自我管理与发展提供了契机。同样是在中国互联网络中心（CNNIC）上发布的信息，截止 2017 年 12 月，中国手机网民已达 7.5 亿，占比提升至 97.5%（见图 4），手机是青年群体上网的主要设备。

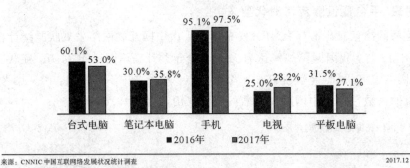

图 4　中国互联网络中心第 41 次统计互联网络接入设备使用情况

"互联网＋"时代为高校网络思想政治教育发展提供了良好的时代背景，高校学生管理逐步走向数字化，为学生接受"易班"管理与服务提供了可能。张再兴教授在《网络思想政治教育》中也提到网络思想政治教育不仅是基于网络的思想政治教育，同时也是网络环境下的思想政治教育。"作为环境的网络实际上是作为工具的网络普遍化、日常化的结果。"没错，工具可以使用也可以摆脱，但是环境的摆脱却并非随心所欲。

2. "易班"顺应了大学生自我管理与发展的需要

在问卷《基于"易班"的高校网络育人平台使用情况调研》中，关于"你认为针对大学生建立的网络育人平台以何种形式为载体更能受到学生欢迎？（多选题）"一题，选择微信公众号 139 次，选择 QQ 公众号 64 次、APP 软件 63 次、微博 52 次、电脑软件 16 次，其他 14 次，如图 5 所示。

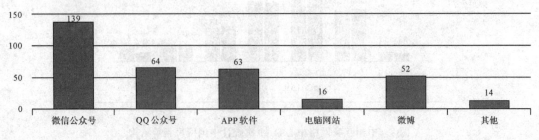

图 5　大学生心目中的网络育人平台应以什么为载体情况统计图

大学生自我管理与发展即指学生结合自身特点，不借助或者较少借助他人力量对自己本身进行管理并推进个人发展的过程。

首先，随着"互联网＋"时代的到来，九零后大学生的思想和七零、八零后相比有了翻天覆地的变化。九零后大学生有更强的自我意识，不喜欢受约束管制，渴望自由独立的空间。其次，伴随着高校扩招，辅导员的工作任务也逐渐增多。"一对多"的管理模式需要学生拥有较强的自我管理意识，以推动自身发展。

"易班"则顺应了大学生自我管理与发展的需要，其轻应用快搭满足了大学生结合自身需求创建轻应用的需要，在线晚点名满足辅导员统一管理需要的同时也方便了学生，优课YOOC直播课程更加方便学生开展理论课程的自主学习，以上"易班"具备的各项功能都符合学生自我管理与发展的需要。

3. "易班"发展有利于大思政生态圈的构建

生态圈是一个开放、共赢、所有组成部分在相互作用下能够共存的大环境，将生态圈的概念引入思想政治教育是研究的主流趋势。这里的大思政生态圈，即指建立高校思想政治教育工作体系，是思想政治教育与高校教育教学工作、生活服务职能、文化育人活动相互作用的结果。思想政治教育工作不局限于思政理论课堂，而是渗透到高校学生生活学习、休闲娱乐的方方面面，形成育人生态圈，实现思政教育工作多管齐下。

大思政生态圈多角度、多方面、多层次地为实现高校育人目标服务，提升的不仅是学生对思政教育理论的掌握，更是运用思政教育理论分析问题的能力，用经典思政教育理论指导实践，服务实践。

"易班"是整合了教育教学、文化娱乐、生活服务功能的网络育人平台，平台覆盖功能涉及学生校园生活的方方面面。用户登录"易班"的过程也是"易班"通过各项功能施加影响，培育其正确世界观、人生观、价值观的过程。

4. "易班"建设促进了大学生对社会主义核心价值观的认同

增进大学生对社会主义核心价值观的认同是高校育人的重要内容之一，增进大学生对社会主义核心价值观的认同有助于高校实现培育德才兼备、以德为先的学生的育人目标。

社会主义核心价值观认同包括认知认同、情感认同、行为认同三个层面。传统的思政课堂向学生灌输思政理论知识，大多增进的是学生对社会主义核心价值观的认知认同，而"易班"是在服务学生的过程中增进学生对社会主义核心价值观的情感认同，进而实现行为认同。

进入"易班"优课YOOC，首页即是党的十九大精神进课堂，同济大学仇华飞老师的"新时代中国特色大国外交"，上海交通大学郑浩老师的"人类命运共同体视野下的中国道路"

等课程围绕大学生生活关注的话题，结合时事热点进行了解读，增进了当代大学生对社会主义核心价值观等主流思想的认知认同和情感认同。由浅入深，受到了学生的好评，相关课程总点击量已经破万。

"易班"全网举办的上海市大学生社会主义核心价值观主体微电影剧本征集活动、全国高校学习习近平新时代中国特色社会主义思想专题、改革开放 40 周年校园诗歌散文征集活动都在寓教于乐中将社会主义核心价值观思想渗透到活动中，在实现思想政治教育生活化的同时，增进大学生对社会主义核心价值观的情感认同，有利于外化为行为，实现对社会主义核心价值观的行为认同。

通过对"易班"、网络育人平台、网络育人概念的梳理与界定，对于建设"易班"等高校网络育人平台的内在原因也有了新的认识与总结。

二、基于"易班"的高校网络育人平台发展现状

十年建设，"易班"发展逐步成熟，在总结其建设成就的基础上，该部分结合问卷数据分析和访谈分析归纳了"易班"发展中存在的问题与不足。

（一）"易班"平台发展现状总述

本次调研以陕西"易班"建设高校为主要对象，涉及陕西科技大学、长安大学、西安理工大学、西安体育学院等 4 所院校，其中陕西科技大学是 2015 年"易班"在陕西试点建设高校，并且获得了"十佳"易班工作站。长安大学、西安理工大学、西安体育学院等是 2017 年陕西"易班"首批建设院校。

本文借助 Excel2013 对问卷数据进行统计分析，本次调查共发放问卷 213 份，有效回收 185 份，问卷有效回收率为 86.85％。本次调研访谈 83 人，其中教师 28 人，学生 55 人。

1. 调研数据分析

"基于'易班'的高校网络育人平台使用情况调研"问卷包括三个部分。第一部分是调研对象的基本信息，内容设计包括性别、年级、专业分类、是否担任学生干部、是否使用过"易班"等基本资料。第二部分是问卷的主体部分，针对使用过"易班"的学生，了解其登录"易班"的身份，使用"易班"频率，每次登录持续时间等直接或间接反映学生"易班"使用情况及满意度。第三部分是问卷总结部分，针对如何更好发挥"易班"的网络育人功能设计问题，归纳总结方法。

（1）调研对象基本信息。通过对陕西科技大学、长安大学、西安理工大学、西安体育学院 4 所院校在校大学生的有效样本数据分析，样本分布具有均衡性和代表性，具体指标如表 1 所示。

表 1　调研对象基本信息统计表

调研对象性别分布	男	女		
	90	95		
调研对象年级分布	大一	大二	大三	大四
	65	61	52	7
调研对象专业分布	文史类	理工类		
	28	157		
调研对象是否担任过学生干部	担任过	未担任过		
	94	91		
调研对象是否使用过"易班"	是	否		
	177	8		

如上表所示，本次调研对象按男女分布：男 90 人、女 95 人；调研对象按年级分布：大一 65 人、大二 61 人、大三 52 人、大四 7 人；调研对象按专业分布：文史类 28 人、理工类 157 人；调研对象中担任过学生干部 94 人，未担任过学生干部 91 人；调研对象中使用过"易班"177 人，未使用过"易班"8 人。

（2）调研对象使用"易班"情况。调研对象登录"易班"的频率及每次登录时间可以直接反映"易班"用户的使用频率和使用黏度（见图 6）。在问及"您使用易班的频率大致是多少"时，有 53.11％的学生选择了"一周两到三次"，36.16％的学生一个月两到三次，10.73％的学生选择几乎每天。

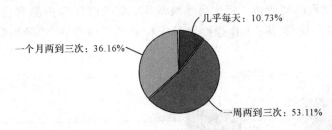

图 6　调研对象使用易班频率

在问及调研对象"您每次登录使用易班大约多长时间"时，有 73.45％的学生选择 5 分钟以内，25.42％的学生选择 5 到 30 分钟，1.13％的学生选择 30 分钟以上。调研对象使用"易班"的时间分布如图 7 所示。

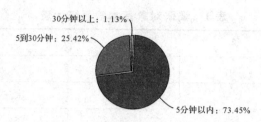

图 7　调研对象使用"易班"时间分布

　　"易班"公共群是实现师生交流以及学生内部交流的重要渠道，各个学校的公共群数量不等，被调研学校校机构群数量在 17 到 33 之间。在一定程度上，加入群的个数可以间接反映其在"易班"平台的活跃度。在问及"您加入校易班几个公共群"时，有 71.19％的学生选择加入 1～5 个公共群，22.03％的学生选择一个都没有，6.21％的学生选择 5～10 个，0.56％的学生选择 10 个以上。调研对象加入"易班"公共群数量分布如图 8 所示。

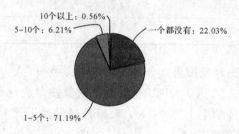

图 8　调研对象加入"易班"公共群数量分布

2. 结论

　　（1）高校"易班"用户向低年级学生倾斜。由于"易班"在陕西高校的建设时间较短，除了陕西科技大学"易班"建设开始于 2015 年，其他 3 所高校"易班"建设大多开始于 2017 年，"易班"建设时间较短。相比高年级学生，低年级学生更愿意也更容易接受校园新事物，因此很多高校"易班"工作推广立足于校园低年级学生。"易班"用户年级分布情况如图 9 所示。

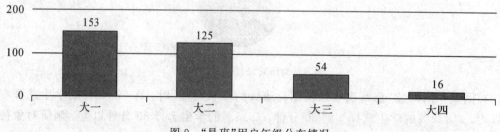

图 9　"易班"用户年级分布情况

　　问卷第 13 题，"就你所知，你认为你们学校使用'易班'的学生主要集中在哪几个年级？

（多选题）"选择大一的有 153 次、大二有 125 次、大三有 54 次、大四有 16 次。可见"易班"在高校发展过程中，低年级学生是其发展中首先突破的群体。

（2）"易班"推动了高校思想政治教育生活化。"高校思想政治教育生活化指在高校思想政治教育过程中所体现出的以现实生活为中心，关注大学生的生活世界，关心大学生的生活体验，促进大学生的生活实践，全面提升大学生素质的途径与方法。""易班"平台在满足学生生活服务、文化娱乐、教育教学等需求的过程中，渗透了思想政治教育，打破了传统课堂灌输思想政治理论知识的局限，进一步推动了高校思想政治教育工作生活化。

通过访谈，笔者总结了以下能够体现"易班"思想政治教育生活化的活动，如表 2 所示。

表 2　"易班"主办的有关思想政治教育生活化的活动

"易班"全网主办的活动	新时代、新气象、新作为——上海市大学生社会主义核心价值观主题微电影剧本征集活动
	不忘初心，牢记使命——全国高校学习习近平新时代中国特色社会主义思想专题
	牢记时代使命，书写人生华章——学习宣传贯彻党的十九大精神（千名高校优秀辅导员"校园巡讲"和"网络巡礼"线上活动）
	奋进 40 年，迎来新时代——改革开放 40 周年校园诗歌散文征集活动
	第一届上海市大学生总体国家安全观主题微电影视作品征集展示活动
陕西部分高校内部主办活动	"光影心播客"——观看心理教育电影
	"易阅读"——读书分享会

通过上表，可见"易班"开展思想政治教育，更加贴近学生生活，更有利于实现思想政治教育生活化。

（3）对"易班"建设认识存在分层。关于问卷第 6 题"您认为易班是一个怎样的平台？"有83.61％的学生选择了"大学生综合服务平台"，可以看出大部分学生认可或者更愿意将"易班"定位为大学生综合服务平台。"易班"学生用户对"易班"定位情况如图 10 所示。

其他：9.04%
互动社交平台：3.95%
网络育人平台：3.39%
大学生综合服务平台：83.62%

图 10　"易班"学生用户对"易班"定位情况

而被访谈的 28 位教师在回答"您觉得'易班'是一个怎样的平台?"时,其中有 25 人将"易班"定位为网络育人平台或者网络思想政治教育平台。可见,对教师而言,"易班"虽然具有生活服务、文化娱乐、教育教学等功能,但正如"易班"官网标语所说,"易班,实现教育的梦想",其建设目的是实现网络育人。通过"易班"可以更好地对学生进行隐性的思想政治教育。但对于"易班"普通学生用户,他们往往更关注"易班"的综合服务功能,在推广过程中,为了吸引更多学生使用"易班",宣传者往往也会突出"易班"的生活服务、文化娱乐、教育教学等功能。

"易班"的良好发展需要多方协同,共同努力。在其推广过程中,针对教师、学生群体进行分层定位,在一定程度上可以明确"易班"管理者和教师的职责,同时可以在最大程度上吸引学生对"易班"的关注和使用。

(二)基于"易班"的高校网络育人平台现存问题

1. 基于"易班"的校园网络亚传播圈尚未形成

"校园网络亚传播圈指在整个互联网信息传播系统中,随着高校校园网络建设日趋完善,大学生的主要网络行为逐渐依赖于校园网络,从而形成了基于信息内容、网络媒介、用户群体三个基本要素之间相互联系与相互作用的具有特殊性质的校园网络信息传播子系统"。

"校园网络亚传播圈是现实中大学生的人际交往活动在虚拟网络空间的映射和发展"。首先,由于校园网络亚传播圈是学生思想动态变化的映射,因此,通过校园网络亚传播圈可以及时了解学生思想发展,进行有针对性的引导。其次,校园网络亚传播圈是现实思想政治教育和网络思想政治教育的有效中介。教育者可以将现实中与学生的互动关系发展到网上,也可以通过网络建立新型师生交往关系,通过线上线下相结合以增强网络育人的实效性。

"易班"平台建设的初心亦是通过整合教育教学、生活服务、文化娱乐等功能吸引大学生,满足在校大学生需求的最大公约数以稳定用户基数,了解学生思想动态,实现思想引领。

关于问卷第 12 题"作为易班用户,综合考虑后评价易班",其中选择"非常满意"占3.95%,选择比较满意占 45.76%,选择一般占 38.98%,选择不满意占 11.30%。"易班"用户对其满意度如图 11 所示。

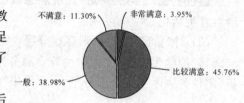

图 11 "易班"用户对其满意程度

结合本论文第二部分,学生使用"易班"平台的频率有 53.11%选择"一周两到三次",有 36.16%选择"一个月两到三次",可见大部分"易班"用户只是偶尔使用"易班",并非天天使用。用户的低频率使用导致基于"易班"的校园网络亚传播圈尚未形成,因此,通过"易班"映射高校学生思想动态的有效性被削弱。"易班"在校园网络生态中为现实思想政治教育和网络思想政治教育搭建良好中介的可能性也被降低，削弱了通过"易班"开展网络育人的实效性。

2. "易班"育人内容创新性有待提高

关于问卷第16题"你认为易班有哪些地方有待进一步完善？（多选题）"，选择"易班内容活动单一，更新较慢"共70次，选择"'易班'特色应用较少且功能不完善"共76次，选择"'易班'部分板块本土化建设不足，功能不完善"有63次，均直接或间接反映出"易班"平台内容、平台功能有待进一步提高。"易班"用户评价其有待完善的地方如图12所示。

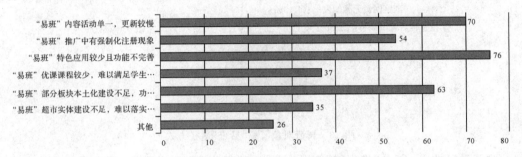

图12　"易班"用户评价其有待完善的地方

首先，在育才方面，以长安大学"易班"特色轻应用为例，排名最靠前的是"创新创业专家库"，该应用开发的初衷是鼓励在校学生参与校创新创业训练、挑战杯等项目比赛，帮助学生和老师搭建沟通桥梁，实现信息对称。其中包括专家库、创新创业项目库两大部分。目前入库专家已达145人，但90%及以上显示专家指导项目、关注项目均为0。对于想积极联系专家老师的学生，能提供的联系方式只有邮箱，并不能帮助学生实现与专家老师直接、及时有效的沟通。创新创业项目库目前收录项目97项，除项目简介之外，项目目录、文本内容并不能通过项目库看到。

其次，在育德方面，"易班"通过优课YOOC播放《工匠中国》纪录片、《读懂中国》等系列课程结合十九大报告内容对工匠精神、劳模精神、劳动精神进行解读，体现社会主义核心价值观的内在要求和伟大民族精神。相比于传统课堂灌输形式，这种线上观看纪录片进行学习具有一定创新性，但是通过访谈，这种教育视频大多是在思政理论课上播放给学生观看，或者教师布置为作业让学生课后观看，选择主动观看的学生仍是少数。因此通过纪录片、线上视频加强对当代学生的思想引领，在一定程度上依然缺少创新性。结合当代大学生喜欢看演出、晚会的特点，笔者认为增加历史性题材及弘扬英雄人物精神品质的话剧演出更容易被学生喜闻乐见，同时也可丰富"易班"的育人内容。

3. 部分高校缺乏育人品牌维护意识

"易班"作为高校网络育人平台，其品牌建设也应为其宗旨服务。良好的品牌形象是"易班"持久发展的根基,一个用户满意度低的网络育人平台,难以实现其育人初心。但是在部分高校仍有其"易班"管理者片面追求用户数量、用户活跃度,缺少建立易班品牌形象的长远意识。问卷第 16 题"你认为'易班'有哪些地方有待进一步完善?"中选择"'易班'推广中有强制化注册现象"有 54 次。

此外,问卷第 11 题"您是通过哪些渠道了解进而注册易班的?"中选择"前期无了解,老师要求注册"的达到 66.10%,佐证了部分高校在发展"易班"过程中确实存在强制推广。调研对象了解"易班"途径方式如图 13 所示。

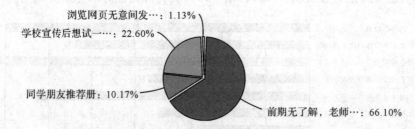

图 13　调研对象了解"易班"途径方式

除了强制推广,部分"易班"管理者为了提高"易班"平台活跃度,没有遵循事物发展的自然规律,鼓励"易班"在高校"野蛮"生长,要求学生每天在"易班"打卡签到、提问题。如果没有打卡签到,或者没有提问还会受到老师的批评指责。

在陕西科技大学随机发放的 83 份问卷中,对于问卷第 12 题"作为'易班'用户,使用后综合评价'易班'",调研对象中选择"不满意"有 19 次,选择"一般"52 次,选择"比较满意"12 次,选择"非常满意"0 次。在 19 位表示对"易班""不满意"的学生中,有 9 人明确表示"'易班'非常强势,必须要通过'易班'打卡签到",有 8 人表示"是辅导员老师强制要求注册使用'易班'"。陕西科技大学"易班"用户满意度分析如图 14 所示。

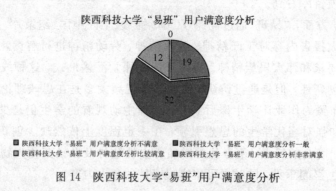

图 14　陕西科技大学"易班"用户满意度分析

虽然用户数量以及用户活跃数是反映高校"易班"建设情况的重要指标,但对于片面追求数字增长,鼓励"野蛮"增长模式削弱了"易班"持续发展的动力,背离了"易班"网络育人的初衷，在部分高校强制推广和野蛮生长的过程中，"易班"没有"聚"人心，反而"散"了人心，片面地追求数字让"易班"离其网络育人的初衷渐行渐远，也为后期让在校学生重新认识"易班"、接受易班设置了障碍。

4. "易班"共建高校育人水平差异明显

通常情况下，官方对于"易班"建设水平的高低多是通过平台注册人数、机构群数量、特色应用数量等硬性指标数字加以反映。有鉴于此，笔者对西北农林科技大学、陕西科技大学、长安大学、西安理工大学、西安体育学院5所院校进行了有关数据比较。表3为陕西5所院校"易班"用户使用情况。

表3 陕西5所院校"易班"用户使用情况

	"易班"注册人数	机构群数量	特色应用数量
西北农林科技大学	35 112	41	16
陕西科技大学	30 672	33	6
长安大学	9957	25	3
西安理工大学	11 199	19	0
西安体育学院	2195	17	2

"易班"注册人数、机构群数量、特色应用数量等硬性数据在一定程度上可以反映该校的"易班"建设情况。除了以上数据，"易班"平台内容更新情况也是其育人水平高低的重要反映。将西北农林科技大学和长安大学"易班"网页界面进行对比，其中都包括"最新公告""校园活动""校园大杂烩"三大板块。以"校园大杂烩"板块为例，西北农林科技大学一天更新信息28条，陕西科技大学5个月更新了6条。

可见"易班"共建高校育人水平差异明显，制约了"易班"活动开展范围，难以形成育人合力。因此，通过合作形成优势互补是"易班"实现育人目标的重要途径。"易班"共建高校的合作可以通过以下几个方面展开：第一，在内容上，"易班"共建高校之间可以开展活动联办以提高参与人数，扩大易班影响力。例如，"改革开放40周年校园诗歌散文征集活动"、"大学生社会主义核心价值观主题微电影剧本征集活动"等可以通过共建高校联办提高活动影响力与辐射范围，提高"易班"知名度。第二，在技术上，"易班"共建高校可以通过合作打破或者降低技术壁垒，稳定"易班"用户数量。例如，在访谈中，笔者了解到在陕西高校中，由于陕西科技大学、西北农林科技大学"易班"落地较早，所以已经开发的"晚点名"、"宿舍报修"等应用相对成熟，而西安体育学院等普通院校建设时间相对晚，且由于是非综合类高校，建设"易班"的技术壁垒较高。因此，降低或者打破技术壁垒有利于推动"易班"

建设共同发展，形成合力。第三，在运营思路上，各高校应多开展经验交流会、经验分享会，方便"易班"共建高校相互交流经验，必要时可以通过轮岗提高"易班"共建高校建设水平。

"易班"共建高校的合作是多方面的，包括内容、技术、运营思路等，合作也是弥补自身发展不足，扩大"易班"影响，提高育人水平的重要途径。

基于"易班"的校园网络亚传播圈尚未形成、"易班"平台育人内容创新性有待提高、部分高校缺乏育人品牌维护意识、"易班"共建高校育人水平差异明显等问题都直接或间接地影响了"易班"育人功能的实现，阻碍了"易班"实现其网络育人的初心。

三、基于"易班"的高校网络育人平台存在问题原因分析

为了更好地实现"易班"育人功能，针对"易班"发展现存问题，该部分从"易班"管理者素质、高校网络育人平台竞争性、"易班"共性建设与个性发展、校园网络育人生态等多角度展开了归因分析。

（一）"易班"管理者综合素质有待提高

虽然很多高校易班工作站有专门负责的老师，但由于"易班"是 21 世纪的产物，加之其作为高校网络育人平台承担着特殊使命。而各高校"易班"主管老师并非都接受过网络育人平台的管理培训，也不是所有主管老师都接受过思想政治教育的专业学习。

在访谈陕西 5 所高校易班工作站主管负责人时，有的主管教师是技术控，对于"易班"发展以技术建设为核心，片面认为增强平台稳定性、丰富平台内容就可以实现"易班"的全面推广；有的负责人则在"易班"推广建设中思想消极，过分夸大、推广、宣传"易班"中遇到的困难，片面认为只有"一把手"领导才能提高"易班"在校园的使用率和推广率；还有的老师盲目自信，不愿意和学校其他平台合作，在校园两个甚至多个网络育人平台共建的情况下，采取明显的竞争态度，排斥合作；此外，也有部分老师在"易班"建设中有"当一天和尚撞一天钟"心态，缺乏对于"易班"的核心竞争力，"易班"发展的长远思考。

以上情况与校方在选拔"易班"负责人时缺少长期观察、全面考核有一定关系，更多高校在"易班"负责人选拔时多以任命形式为主，缺少教师毛遂自荐，主动汇报关于"易班"校园建设的规划思考。因此，对于"易班"平台管理者综合素质的提高可以改变任命模式，鼓励教师毛遂自荐。

而对于已经负责"易班"工作的老师，应从德育、技术两个方面入手提高其综合素质。在德育方面，应加强"易班"平台管理者有关思想政治教育、网络思想政治教育等相关课程的学习，明确"易班"建设的宗旨和目标。其次，在技术方面，也应加入网站管理，互联网运营等课程的学习，通过技术的提高帮助"易班"实现网络育人的目标。必要时，高校易班工作站可以考虑设置德育、技术双领导，规避只有一个主管负责老师能力、思想认识容易受到局限的问题。

（二）高校网络育人平台竞争激烈

"易班"是高校网络育人平台的代表，但并不是唯一被推广的高校网络育人平台。除"易班"外，青年之声、中国大学生在线在高校推广使用率也较高。以长安大学为例，在"易班"工作站正式挂牌成立之前，青年之声工作室就已在长安大学正式投入运营了，与"易班"相区别在于青年之声是由团中央发起，面向共青团员的网络育人平台。大学生群体是共青团员的重要组成部分，各个学院设有团委，因此校团委及院团委老师要求学生注册"青年之声"账号，通过"青年之声"提问，接受团的信息，发布团日活动。

而"易班"的入驻使得各院辅导员老师在推广"青年之声"之后又得宣传"易班"，鼓励学生注册使用"易班"，通过"易班"了解校园信息动态。在"易班"和"青年之声"尚未达合作共识之前，这种同步宣传的方式难免会激化两个平台之间的竞争意识，抢占学生用户。

其实在"青年之声"和"易班"之前，长安大学先锋家园网站（xfjy.chd.edu.cn）一直承担着发布团委信息、活动预告，上传团发文件、传达上级精神的作用，是长安大学自建的团委网站。此外，各个学院团委也有官方微博微信公众号，发布校、院团学信息，团学活动，聚集了一批团员青年。除了院团委学生会，各校级组织部门也有官方微博微信公众号，其微信公众号同样承载着服务学生、引领学生思想的功能，如"长安大学学生在线"是校学工部运营的微信平台，通过该平台学生可以进行每周晚点名、校历查询、参与话题讨论等。微信公众号"长安大学"是校党委宣传部主管运营的平台，通过该平台学生可以进行教学评估、查询成绩、查询校车等，同时该平台也会推送校内外新闻、热点话题，鼓励大家讨论。

虽然以上平台或多或少有其个性特点，也都是本着为学生服务，引领学生思想。但是老师和学生的精力都是十分有限的，易班、青年之声、官方网站、官方微信微博的共同推广，难免在学校形成强占学生用户的局面，"易班"发展局势竞争激烈。

（三）高校"易班"共性建设与个性发展不协调

截止 2018 年 4 月底，"易班"已覆盖 30 个省份、835 所高校、868 万在校大学生。"易班"作为一个全国高校共建的网络育人平台，无论是在其功能属性还是平台内容板块上都有其共性。平台共性为高校"易班"联办活动提供了有利条件，但是在访谈了陕西科技大学、长安大学及西安体育学院等"易班"工作站的主要负责人后，我们了解到目前陕西高校"易班"之间虽然有关于"易班"建设的交流学习活动，但是缺少关于主题大型活动的联办。

各高校"易班"工作站在面向校园内部学生的基础上开展系列活动，如西安体育学院"易班"工作站面向西体学生的荧光夜跑活动，西北农林科技大学的光影心播客活动虽然在本校获得了学生的认可，有较高的关注度和参与度，也实现了线上宣传、线下开展相结合，但活动范围始终是在本校学生之间，没有在高校学生群体中产生轰动。此外，除了高校之间缺少"易班"活动联办，多数高校内部，"易班"也处于一个独立发展的状态，缺少和校级其他学生组织的联动。

"易班"平台具有因地制宜性,在发展过程中结合本校具体情况更有利于其个性发展。但在访谈的过程中,部分高校在"易班"建设过程中缺少结合本校学生需求开展针对性调研。因此不了解本校学生具体需求,也难以开发出具有特色、令学生满意的轻应用。甚至有的高校在"易班"建设中直接模仿照搬其他高校,耗费了人力物力却不仅没有获得本校学生的认可,反而增加了"易班"负面效应。

陕西科技大学在"易班"建设之前每周末的晚点名都是线下进行的,既不方便也占用了学生学习娱乐的时间。其易班工作站针对这一问题在"易班"平台上搭建了点名系统,方便学生通过"易班"进行晚点名,同时也提高了"易班"用户黏度。长安大学易班工作站了解后,也向学工部申请在"易班"开发晚点名应用,通过晚点名提高学生使用"易班"的频率。但是,此前长安大学已经有了晚点名系统,即关注微信公众号"长安大学学生在线",通过该公众号的在线考勤窗口进行晚点名。因此,当学生了解到要将微信晚点名换成"易班"晚点名时,大部分学生是反对甚至拒绝的,因为这并没有从方便学生出发,而是从提高平台关注度出发,强制学生转变原有的使用习惯。

西北农林科技大学易班工作站则没有完全模仿其他高校易班推广方法,而是结合该校南北两校区相距较远,北校区是行政办公要区,南校区是学生学习生活区,学生请假需要从南校区乘车去北校区请假,极不方便,为此,西北农林科技大学易班工作站针对这一问题开发了请假系统,学生通过"易班"请假就不用南北校区来回跑,省了不少麻烦。因此,除了共性建设,结合本校校情、校况,因地制宜地进行个性发展也十分必要。

(四)高校"易班"建设未植根原有网络育人生态

"易班"作为高校网络育人平台,从其建设的宗旨实现思想引领来看,"易班"推广不宜搞"一刀切",即"易班"的推广也应结合建设高校原有网络育人生态。

在访谈中,笔者了解到有的高校在建设"易班"之前,缺少网络育人平台的搭建,也缺少了解学生思想动态发展的途径。"易班"的出现让他们加强了引领学生思想的意识,也提供了了解学生需求、关注学生思想动态的途径。"易班"建设受到了师生的好评,但是也有的高校,在"易班"建设之前就有一系列网络育人平台且分工明确,在校师生已经形成了稳定的使用习惯,"易班"的介入在短时间内难以获得认可。如果"易班"主管领导为片面追求平台活跃度进行强推必然会适得其反,不仅用户不会认同"易班",反而对原有网络育人生态造成破坏。

"易班"平台不需要"僵尸粉",亦不是个别干部晋升的工具。因此,要想实现"易班"的有效推广,达到育人目的就必须结合建设高校原有的网络育人生态系统,做到具体问题具体分析。在高校确定落地"易班"建设之前评估其网络育人生态系统,对于需要落地"易班"建设的高校,由于学生不同、校情校况不同制订不同的推广方案。

综上,"易班"管理者综合素质有待提高、高校网络育人平台竞争激烈、高校"易班"共性建设和个性发展不协调、高校"易班"建设未植根原有网络育人生态是导致"易班"发展受阻、难以实现其育人初心的重要原因。

四、基于"易班"的高校网络育人平台优化对策

"易班"要想实现优化就离不开多方考虑，提升"易班"自身魅力、打造"易班"核心竞争力、建立网络育人大数据评价体系、培育意见领袖、发挥网薪衡量价值都有利于"易班"建设不断完善，实现育人目标。

（一）提升"易班"魅力

"易班"作为高校网络育人平台，为了更好地实现其德育功能，就必须以回应青年诉求、服务青年成长为宗旨。从学生立场、学生视角出发，做到寓教于情、寓教于乐，才能实现"易班"隐形思想政治教育功能最大化。要想提高网络育人平台的魅力就要让其运用与学生生活紧密结合。

首先，先进人物评选是高校思政工作的重要内容，评选内容一般包括推荐、评价、展示等环节。然而，传统的推荐需要线下长时间讨论，效率较低且存在"送人情"问题，对于先进人物的推荐范围也易受到限制。通过"易班"开展线上先进人物评选推荐，解决了时间、空间限制问题，方便将评价者扩展到更广泛的学生，评价维度也得以扩展，更加具有公信力、说服力，服务于大数据评价体系。在展示环节，"易班"的优势更加明显，传统展示环节通常有两种方法，一种方法是简单公示，另一种是报告会。简单公示缺少评价者与被评价者之间的互动且旁观者未必了解先进人物先进性。报告会模式效果受到报告会举行的时间、地点、参与方式及演讲者自身演讲技巧影响，存在不确定性。然而，通过"易班"进行线上展示，展示时间可以更长，展示形式也更加丰富，除了新闻稿推送外，还包括短视频、其他文艺演出等多种展示形式。展示环节互动性也会增强，通过"易班"线上展示便于发现先进任务评选中的漏洞。

其次，为增进大学生对社会主义核心价值观的情感认同及行为认同，可以将高校育人的目标与中华传统文化相结合，借助"易班"平台开展一系列活动，达到寓教于情、寓教于乐的宣传效果。

传统节日不仅是中华文化的瑰宝，是民族精神的体现，与当代社会主义核心价值观也有着密不可分的关系。端午节作为中华民族的传统节日之一，是为纪念爱国诗人屈原抱石跳汨罗江自尽而立的。透过端午节，我们可以感受到大夫衷心不改、誓死报国的决心，这与当代社会主义核心价值观爱国、敬业的精神内核是一致的。中秋节作为中华民族的又一传统节日，设在了农历八月十五，是除春节、元宵节之外的又一团圆节。团圆佳节，不免让人翘首盼望台湾早日回归祖国大陆，这与社会主义核心价值观富强、民主的精神内核是一致的。重阳节作为中华民族的传统节日之一，其中蕴含着尊老爱老，和谐共处的意蕴，与社会

主义核心价值观和谐、友善的精神内核也是一致的。因此，"易班"借助传统节日开展与思政教育有关的竞赛、演出活动有利于发挥其隐形思想政治教育功能，提升平台吸引力。具体来说，可以从以下两个方面着手：

第一，组织与传统节日相关的诗歌朗诵、对联创作、歇后语问答等竞赛型活动。利用"易班"平台开展线上报名、作品展示、投票等宣传互动环节，可以提高易班平台的关注度和使用频率，同时端午、中秋及重阳等中华民族传统节日与社会主义核心价值观爱国、敬业、富强、和谐、友善等不同维度的核心价值观有着密切联系，在增进高校大学生了解中国传统节日的同时，领会其背后蕴含的社会主义核心价值观精神内核。

第二，在学校大礼堂安排与传统节日相关的话剧演出。利用"易班"平台进行抢票、选座，在"易班"平台同步演出，同时后期安排录制回放，让学生观看学校节日演出不受时间、空间限制。同样，这种演出形式也可以提升学生对"易班"平台的使用频率，在观看演出节目的同时，更加热爱中华传统节日，更加认可社会主义核心价值观的精神内核。

最后，将"易班"与文体活动相结合。文体活动对学生号召力强，可快速实现"易班"在学生中的推广，如迎新晚会直播、晚会意见征集、晚会互动、运动会开幕式直播、关注赛事的跟踪报道、优秀活动评选等均可放入"易班"。

无论是利用"易班"组织先进人物评选，还是以传统节日为契机，通过"易班"开展竞赛、演出等活动，抑或是将"易班"与文体活动相结合都在发挥"易班"隐形思政教育功能的同时，实现了思想政治教育工作的生活化，进一步提升了"易班"平台对学生用户的吸引力。

（二）打造"易班"品牌核心竞争力

高校网络育人平台核心竞争力是指能满足用户某些需要的能力，同时这种能力难以被替代，甚至难以被模仿。"易班"作为高校网络育人平台具有综合性。如果一个网络育人平台不能满足学生的常见需求，就难以在短时间内聚集人气，如果没有专长，则容易陷入同质化竞争、用户活跃度低的困局。所以，真正优质的网络育人平台必然是综合性和专一性相结合的产物。

高校易班工作站隶属于校学工部，且设立校、院、班三层管理梯队。首先，辅导员作为院易班工作站的主要负责人需要配合校"易班"的领导，同时参与院"易班"的工作，并且主持"易班"的管理。因此辅导员队伍是校、院、班三层管理梯队的纽带，在"易班"工作中发挥着难以替代的作用。其次，"易班"作为高校网络育人平台，高校思政理论课教师理应承担主力军的任务，借助易班平台传递主流思想，巩固马克思主义意识形态话语权。最后，学生干部群体是学生中思想素质、道德品质较高人群，作为育人平台要以高素质人才作为榜样力量。因此，高校辅导员队伍、高校思政理论课教师队伍、学生干部群体（以下简称"三支队伍"）是"易班"作为高校网络育人平台的根基，是"易班"平台核心竞争力的来源。

"易班"作为高校网络育人平台，开展德育工作是打造"易班"品牌的重心，而德育工作离不开心理教育。因此，"易班"核心品牌培养的过程也是丰富心理教育活动内容，完善心理教育活动形式的过程。这里的心理教育是一种宽泛概念，包括与学生心理教育有关的各项工作。因此，从"易班"主动开展心理教育和被动展开心理教育两个方面着手开展以下工作：

第一，从"易班"主动开展心理教育工作而言，首先，"易班"可以在入学季和毕业季对新生、毕业生两类容易出现心理波动的群体展开心理测评。根据测评反馈结果，辅导员老师、学生干部可以有针对性地对心理亚健康学生开展心理疏导和沟通。其次，"易班"作为网络育人平台，对于校园内外热点话题，思政理论课教师可以通过平台管理者发挥专业所长，及时应对网络舆情，让主流思想引领"易班"用户。最后，"易班"以服务学生为宗旨，学生干部群体、高校辅导员队伍可以通过易班平台对学生的普适性问题进行统一回答。

第二，从"易班"被动开展心理教育工作而言。首先，绝大多数高校辅导员都通过了二级心理咨询师考试。因此，学生可以通过"易班"预约线下咨询，与辅导员教师面对面沟通自己在学业、工作以及情感等多方面存在的困惑及问题。其次，通过"易班"平台可以满足用户私聊，因此，学生可以通过"易班"与辅导员或者校心理咨询师进行线上互动，利用"易班"线上交流解决学生心理上的困惑与问题。

当然，核心竞争力的来源除了高校辅导员、高校思政理论课教师、学生干部群体这三支队伍，还有学生发展的长远需求。对本科生而言，最终的出路基本包括升学、就业两个方向。如何更好地服务学生升学、就业，从根本上解决学生出路，自然会对学生产生强吸引力。"易班"要想更好地服务学生升学就业，应超越简单信息发布的局限，帮助学生实现升学就业中的主动出击。目前，易班平台已经入驻了中国800多所高校。对于有考研升学需要的学生，各高校"易班"完善升学信息咨询窗口建设，积极回答其他高校学生通过"易班"咨询考研升学的问题，也有利于推动高校之间的校际联系。对于有就业需求的学生，可以展开定制化服务，即依据学生的简历进行分类，以发布学生信息为主要方式，根据学生需求积极寻找企业对接。这种就业定制化服务，在客观上面向的是学生中的优秀群体，也是一种思想引领，暗示并鼓励学生成为更优秀的人。

（三）建立基于"易班"的网络育人大数据评价体系

网络育人平台的大数据评价体系体现在两个方面：第一，通过大数据分析对平台自身发展水平进行自我评估。第二，利用平台大数据对平台用户展开精准分析。因此，"易班"作为高校网络育人平台，其大数据评价体系建立的意义包括有利于平台对自身发展情况的自我评估，有利于实现平台对用户的精准分析。

首先，"易班"本身有通过数据分析进行自我评价的功能，如在易班官网下打开"最新公告""校园活动""校园大杂烩"的内容，都可以了解到该信息的发布时间，距上一条信息发布相隔多久，以及该条信息阅读人数。通过以上内容反馈，我们可以对该校学生使用"易班"

的频率、用户黏度以及该校"易班"管理者对平台的运营维护是否及时。

但是由于某些高校在进行考核时只看数字，不看效果，这种不合理的考核方式造成部分辅导员片面追求更加好看的统计数据，强制学生刷新阅读量。因此，在"易班"后台数据收集中应加强设立内部监控系统，防止同一用户重复浏览导致阅读量的无上限刷新，有助于"易班"对于自身建设发展现状的合理、准确评估。

其次，通过"易班"后台数据分析可以了解每一个用户的阅读习惯和浏览倾向，并且针对每一个用户进行数据画像。依据数据画像，在用户浏览网页信息时进行精准化的信息推送。如学生喜欢通过"易班"进行抢票活动、观看晚会直播等，那么后台可以多推送有关演出活动的信息，以巩固提高该用户的使用频率。同时，"易班"作为高校网络育人平台，其宗旨是培养德才兼备、以德为先的人才。因此为了促进"易班"用户德智体美劳的全面发展，易班平台可以适当地推送优课YOOC中思政理论课直播课程推荐及读书分享等和时政热点及理论学习相关的内容，以提高学生的德育素质。

建立网络育人大数据评价体系，帮助"易班"利用大数据对平台用户进行数字画像，有利于信息推送的精准定位。加强平台数据内部自我监控，可以规避部分辅导员老师过分追求数字、不看效果的问题。

（四）培养"易班"意见领袖

"意见领袖是指在人际传播网络中经常为他人提供信息、意见、评论，并对他人施加影响的'活跃分子'"，是大众传播效果形成过程的中介或过滤的环节。由他们将信息扩散给受众，形成信息传递的两级传播。意见领袖作为一种社会现象，其通常是我们身边所熟知的人，而非大人物，也正因为他们是我们所熟悉、了解的人，所以其意见和观点也更具说服力。

相比于老师与学生关系，学生与学生之间更具有平等性，其观点更容易从学生视角出发，更易被学生所接受，而且相比于普通教师，学生对于互联网平台的使用更加得心应手。高校辅导员是学生思政教育工作的直接负责者，其个人魅力大小决定其观点的影响力，是增强"易班"平台影响力的关键。所以，在学生和辅导员教师队伍中培养一批意见领袖，发挥骨干作用，有利于实现其网络育人功能。

学生意见领袖主要是对有号召力学生的筛选。一方面有号召力的学生往往有所专长，学习成绩优秀或者道德素质较高，容易受到老师的赏识和同学的尊重。另一方面，学生自身性格是否平易近人，沟通能力和人际交往能力也会影响学生在同辈群体中的号召力、影响力。因此，学生师范群体搭建需要结合学生个人专长及其性格特点筛选在同辈群体中具有号召力的学生参与"易班"平台运营。

教师队伍意见领袖的培养主要依托高校辅导员队伍，提高辅导员在学生中的号召力、影响力是培养意见领袖的必然途径。完善辅导员考核机制，监督辅导员公平、公正、公开地处理学生事务是提高辅导员在学生群体公信力的有效途径。其次，加强辅导员素质培训，站在青年角度回应青年需求，服务青年成长同样有利于提高辅导员在学生群体中的威信，成为"易班"名副其实的骨干网主。

简言之，学生群体中意见领袖的搭建主要是筛选在同辈群体中具有号召力且有所专长的学生。而辅导员队伍中意见领袖的培养主要是通过机制考核培训，以提高辅导员的综合素质和公平、公正、公开处理学生事务的能力。

（五）充分发挥"易班"网薪的价值衡量作用

为了提高用户数量和用户活跃度，"易班"通过网薪奖励鼓励用户提高使用频率。通常情况下，"易班"用户主要通过完成新手任务、打卡签到、转发评论获得网薪。如表4所示，以下用户行为可以获得网薪奖励和经验提升。

表 4   易班用户获得网薪途径

用户行为	原奖励经验	原奖励网薪	现奖励经验	现奖励网薪	每日经验上限	每日网薪上限	备注
发表博文	0	0	2	2	4	10	
发表微博	0	0	0	0	0	0	
论坛发帖发投票	奖励不变				无	无	
论坛发帖被加为精华	0	0	50	80	无	无	
帖子被加为原创	0	0	50	20	无	无	
首次回复原创帖	0	0	3	3	30	15	除帖子作者外只给予回复者第一次回复时的奖励
博文被管理员推荐为精华博文	0	0	5	10	无	无	
班级和群组中发帖	1	1	1	1	3	3	
在所有版块投票	1	1	1	1	5	10	
上传一张照片到个人相册	0	0	0	0	0	0	
分享站外视频	0	0	3	3	6	15	
回帖	1	1	1	1	5	10	灌水专区回贴只奖励1点网薪

续表

用户行为	原奖励经验	原奖励网薪	现奖励经验	现奖励网薪	每日经验上限	每日网薪上限	备注
回复以及评论微博/博文/照片/视频	1	1	1	1	5	10	同一个模块,同一个用户只增加一次改版之前评论微博和博文不给予经验和网薪奖状
博客/相册/微博/视频/帖子被他人回复以及被他人评论	0	0	1	1	5	10	同一个人不重复增加经验和网薪
照片/相册/博文/帖子被分享,微博被转发	0	0	1	1	10	10	视频被分享因技术原因暂无奖励
帖子被其他用户收藏	0	0	1	1	5	10	
个人主页被访	1	0	1	1	10	10	
被顶	无	无	1	1	未知	未知	
签到	0	10	0	1	0	1	

通过网薪积累,在达到一定数额后,"易班"用户可以去其学校的"易班"超市进行实物兑换。各个地区高校在制订网薪兑换报价单时有一定差异,表 5 为西安体育学院部分网薪实物兑换报价单。

表 5　西安体育学院网薪实物兑换单(部分)

可兑换物品	单价	网薪价格
充电宝	60 元/个	6000
U 盘	45 元/个	4500
马克杯	25 元/个	2500
雨伞	18 元/个	1800
挂钩	8 元/个	800
卡套	3 元/个	300

因此，目前"易班"网薪更多充当的是虚拟货币，通过实物兑换鼓励用户关注"易班"，积极使用易班。但是为了培养更多的学生意见领袖，提高其在网上开展工作的自觉性"易班"网薪应强化其价值衡量标准作用，即与学生德育测评考核挂钩。学生获得网薪的方式除了传统的签到、打卡之外，更多的是在承担网络疏导、网络宣传的过程中获得的。

"易班"作为校园信息聚集地，参与讨论者多为观点一致的同质群体，容易出现"群体极化"现象，而网络容易放大负面信息产生的影响。针对以"群体极化"为特征的负面舆论，对于主动了解情况，与当事人了解沟通和交流，在网上提出有利于问题解决意见和建议的学生，应给予网薪奖励，鼓励更多学生中的意见领袖主动承担"网上宣传员"和"网上疏导员"的角色，与不良舆论作斗争。

而此时"易班"网薪则不仅是虚拟货币，也是判断学生网络身份角色、德育素质的评判标准之一，网薪高即是学生中的意见领袖，是"网络疏导员"；网薪低是普通用户，是"沉默的旁观者"。

综上，提升"易班"魅力、打造"易班"品牌核心竞争力、建立基于"易班"的网络育人大数据评价体系、培养"易班"意见领袖、充分发挥"易班"网薪的价值衡量作用将进一步推动"易班"实现其育人价值。

五、结语

十年建设，"易班"从上海走向全国，覆盖全国 30 个省份，835 所高校，868 万大学生，是时代的趋势、历史的选择，更是"易班"自我不断完善，不断革新的结果。

对于"易班"发展，笔者从 2016 年开始相关调研，收集了有关"易班"在试点高校建设的相关数据。从最开始的网络推广视角，将用户数量作为评价"易班"成功与否的标准，再到网络育人视角，将"易班"能否更好地实现育人作为其建设价值的评判标准。

对"易班"的认识由浅入深，本文通过问卷调研法和内容分析法对"易班"发展取得的成效进行总结，对其存在的问题："易班"育人内容创新性有待提高、部分高校缺乏育人品牌维护意识、"易班"共建高校育人水平差异明显进行分析；将其归因为"易班"管理者综合素质有待提高，高校网络育人平台竞争激烈，高校"易班"共性建设与个性发展不协调，高校"易班"建设未植根原有网络育人生态；并提出了提升"易班"魅力，打造"易班"品牌核心竞争力，建立基于"易班"网络育人的大数据评价体系，培育"易班"意见领袖，充分发挥"易班"网薪价值衡量作用等优化对策，为更好实现"易班"育人功能服务。

目前基于"易班"的网络育人研究呈现上升增长趋势。在下一步的研究工作中，笔者将从马克思生态哲学视角出发，重构大思政生态圈理想蓝图，结合时代特点赋予大思政生态圈新的内涵，充分发挥思政生态系统主体能动性，推动大思政生态圈的动态平衡。

★ 参考文献

[1] 第 41 次中国互联网络发展状况统计[EB/OL]. http：//www. cnnic. net. cn. 2017. 12.

[2] 中共教育部党组. 高校思想政治教育工作质量提升工程实施纲要[R]. 2017.

[3] 中国共产党第十九次全国代表大会文件汇编[G]. 北京：人民出版社，2018.

[4] 陈万柏，张耀灿. 思想政治教育学原理[M]. 北京：高等教育出版社，2007.

[5] 郑永延，胡树祥，骆郁廷. 思想政治教育方法论[M]. 北京：高等教育出版社，2010.

[6] 张再兴. 网络思想政治教育研究[M]. 北京：经济科学出版社，2009.

[7] 徐仕丽. 新形势下我国网络育人的发展研究[D]. 东北师范大学，2017. 5.

[8] 杨果. 网络思想政治教育规律论[D]. 湖南大学，2016. 3.

[9] 蒋丽娜. 高校思想政治教育生态系统的优化研究[D]. 江南大学，2015.

[10] 梁正科. 基于"易班"平台的大学生思想政治教育研究[D]. 西华大学，2015.

[11] 郭靖进. 政府网络舆情引导问题研究[D]. 宁波大学，2014.

[12] 杨潇. 高校"易班"管理[D]. 上海师范大学，2013.

[13] 周慧敏. 新媒体背景下高校思想政治教育有效性研究[D]. 华东师范大学，2013.

[14] 李润江，杨兴强. 充分发挥网络创新学生思想政治教育平台的作用[D]. 河北大学经济学院，2011.

[15] 郭静文. 高校网络思想政治教育平台对比评估：以"易班"和"青年之声"为例[J]. 教育教学论坛，2018.

[16] 李晓娟. 新时代高校思想政治教育网络育人的现实思考[J]. 长江师范学院学报，2018.

[17] 王琰，尚文雅. 高校大学生易班参与度及其影响因素研究[J]. 重庆大学学报（社会科学版），2017.

[18] 陆居怡，丁雪松，李睿. 高校辅导员精细化培训机制研究[J]. 高校党建，2016.

[19] 赵浚. 大数据创新高校思想政治教育方法的探析与应用[J]. 贵州社会科学，2016.

[20] 吴昊，黄禹鑫. 基于易班构建高校网络思想政治教育大数据平台的思考与实践：以重庆大学为例[J]. 思想教育研究，2016.

[21] 田其真，陆华圣，刘忠慧，刘娜，孙启香. 网络育人平台的搭建与应用研究[J]. 教育教学论坛，2016.

[22] 虞晨洁，朱佳梁. 基于易班的高校网络舆情监测引导比较机制研究[J]. 新西部，2015(02).

[23] 许克松，陈英. 微博网络平台：大学生思想政治教育方式的新发展[J]. 思想政治教育研究，2015(10).

[24] 付巧. 高校网络思想政治教育平台构建的有效途径[J]. 才智，2015.

[25] 耿毅乾，薛翔宇. 搭建网络平台　开辟育人新路[J]. 新长征，2015.

[26] 王彦丽. 运用网络平台创新大学生思想政治教育工作[J]. 中州学刊，2014.

[27] 孟令乔，张耀宇. 新媒体下高校"青年之声"网络平台使用情况调研分析：以辽宁省高校为例 [J]. 太原城市职业技术学院学报，2014.

[28] 张建利，李羽佳. 基于易班平台的高校网络舆情事件化解与引导机制研究[J]. 思想理论教育，2014.

[29] 马福运. 论网络思想政治工作的特点规律与发展趋势[J]. 河南师范大学学报（哲学社会科学版），2013.

[30] 沈漫. 易班资源整合策略探究[J]. 网络思政，2013.

[31] 任玉英，宋明枫. 提高网络思政的有效性　打造网络育人平台[J]. 法制与社会，2012.

[32] 唐国战. 论高校思想政治教育生活化的内涵、价值与特点[J]. 信阳师范学院学报，2012.

[33] 江玲. 高校网络思想政治工作体系的构建与研究[J]. 国家教育行政学院学报. 2010.

[34] 王良思，史美芳. 校园网络中思想政治教育平台建设的思考[J]. 德育教育研究，2004.

[35] Xian fa Lan. Discussion on the Work of College Network Ideological and Political Education[J]. 2017.

[36] Kai wei He. The Influence of Network Literature on College Students' Ideological and Political Education[J]. 2017.

★ 作者简介：郭静文，女，长安大学马克思主义学院思想政治教育专业 2018 届本科毕业生。

★ 指导教师：黄蚬。

高校理论学习型社团多元主体
互动模式的特征及机制分析

柏　加

摘　要　以学生为一元主体的高校社团作为高校育人工程的一支力量，其主要特征为学生的自我管理与自我发展，表现出较强的自主性与开放性，但由于缺乏同指导教师之间有效的沟通机制，致使其缺乏一定的专业性与规范性。因此，如若要进行社团建设的进一步完善则应该形成一定的组织目标、组织架构，并且对社员、指导老师有明确的定位与权责界定。本研究不局限于社员与教师的二元模式的合理构建，同时也会将党与行政部门两个元素纳入该系统的设置当中，从而形成真正的多元主体的互动参与模式，极大地提高了理论学习型社团的专业性与规范性，以及在学生群体中真正的导向性。

关键词　理论学习型社团；互动模式；组织优化；多元主体

一、高校理论学习型社团互动模式的特征

（一）以智育为基础，以德育、美育为支柱

高校理论学习型社团，是一个强调理论学习的场所，它以智育为基础，同时亦注重对学生的道德教育与美育。首先，在智育层面，学生社员要产生相互激励学习的影响力，积极地进行广泛的课外阅读，获取广博的理论知识，逐渐构筑自己的知识体系。其中，学生是智育的主体也是客体，即体现为自我教育为主要形式的智育模式。另外，理论的学习不应过于局限，例如，马克思主义理论的学习型社团不应该止于对马恩经典的阅读，还应该涉及其相关或相对立的理论的学习，以达到兼容并包的研学品质，也为进一步探讨社会问题打下一定的基础以及提供各种不同的视角。其次，在德育层面，教师或学生管理者应该利用成员主体间的交流互动与思想传递的契机，在潜移默化中使社会主义核心价值观融入成员的生活，并用积极的人生观感染学生。利用社团内部的交往活动，使成员学习为人处世之道，并且形成一定的道德标准。最后，在美育层面，则需利用现代科技通过PPT、微信等方

式的自主设计，对色彩、构图设计形成一定的审美能力，在每一次的设计中，都将其作为一件工艺品对待，发展成员的创造性思维使其从细微之处构建成员的文化品格，并且借助文艺作品对人情怀的感染力，使成员形成独立欣赏、独立判断的审视能力，培育成员对美的感知力与高尚的情操。另外，通过社团进行简单的礼仪培训，也同样能够让社员的行为更加得体、美观。

（二）以相关制度为实现保障

以学生为根本，整合教师、行政部门以及党支部资源。第一，角色定位层面，要明确这四个主体的权责问题，即完善职能定位的相关制度（权责、分工部分在下文做具体补充）。第二，在具体行为层面，要规范社员的网络行为、规范社团活动的秩序，形成合理程序，即以制度的形式形成一定的行为约束。第三，在组织架构层面，应该明确各主体间的关系以及交往原则，从刚性的制度规范上廓清社团的整体布局。第四，在培养目标层面，社团作为高校育人的一支队伍，应该明确自身在育人上所应当承担的责任，即不仅需要给予社员自由的环境，还需要将学生的创造性、创新性思维养成融入到社团教育的全过程，以此保障与激发学生的学习热情。第五，在考核层面，制定相关的考评制度，对教师、行政人员、党支部以及社团成员进行评估，达到量化的信息反馈。

（三）以灵活的手段为实现关键

以阅读、辩论、交流为社团活动的主体，辅助以网络为媒介展现学生学习成果。通过阅读、辩论与思想交流，使得学生能够在相互的交往中获取多元化的观点，从而激发学生的辩证思考的能力，增强学生对现存事物的理解力与判断力。让学生对现存事物能够有肯定与否定的理解，并且通过交流学习，能够汲取各观点的积极因素，从而使自己的思维与认识得到质的发展。同时，在这样的交往活动中增强学生自身的社会性特征，在与人交往中做到真诚与友善，并且在保持不断进取的心态中生成竞争意识；另外，通过现代化的网络来增强社团的时代感，利用网络中介来增强成员与社会之间的交互关系，采用高校学生喜闻乐见的沟通语言与方式，从而达到群体自我教育的目的。

（四）坚持"通俗化"，拒绝"媚俗化"

作为马克思主义理论学习类社团，应担负起一定的责任与使命，对知识理论应有"虔诚感"，要保证其话语体系的专业性与纯洁性。另外，唯物主义辩证法强调，事物各有其特殊性，每个时代都有其不同的矛盾，因此，在理论学习与宣传的时候要贴近实际、贴近生活，寻找特殊之处。而作为理论学习者，应该尽力完善这一套话语体系，力保话语使用的系统性。但在话语体系以及实际宣传中，需要规避"媚俗化"的倾向，即不迎合大众过多的感官刺激，向通俗化发展而不媚俗化；要有正确的价值取向，追崇高尚的表达形式；要形成一定的宣传素养，即拥有一定的宣传能力和较高的宣传品质。在新时代下，我们需要把握时代脉搏，倾听时代呼吸，让社团活动内容深入浅出，让社团活动形式鞭辟入里，努力做好马克思主义理论的学习者、宣传者、践行者。

（五）以艺术性表达提升育人效果

唯物主义认识论中提及，人的认识由感性发展到理性，感性认识是前提也是基础，但理性认识才是认识发展的高级形态。然而在日常生活中，或在冲突发生之际，人的感性对理性却有一种消解的力量，理性往往被"遗弃"。因此对于大众的一般性的感性对人行为的作用力、指导力以及大众对感性事物的接受程度大于理性的现状，社团在宣传方面则应注意以下两个层级的作用，一是解释能力，二是解释艺术。

关于解释能力，从广度与深度两个维度着手。首先，以马克思主义理论社团为例，所谓"广度"，即要强调宣传内容的广延度，在日常的理论学习中要注意相关学科的学习或是涉猎，不拘泥于单纯的马克思主义理论的学习。通过对社会学、政治学、哲学、文学、心理学等书籍的阅读以及读书笔记的生成、外化，使不同学科背景的人都能够对社团的宣传有一定的亲切感与认同感，也就是在情感上获得认同。其次，所谓"深度"，即要强调思想以及理论的解释深度，尽力做到由浅入深，并有一定的思考价值。这需要宣传者自身的阅读与写作素养的提升，要将阅读的书籍或某一观点理解透彻，并形象地表达出来。

关于解释艺术，主要是在表达形式上要注意具象化，即表达要具体生动、富有形象感与艺术感。当下广播电台"复兴"、表情包泛滥、H5制作的兴起使得宣传从纯粹的文字宣传走向文音视的"复合发展"，宣传形式的综合性得到很大提高。而对社团来说，对理论学习成果的推广，可利用录音、表情包或是动画H5来作为载体，刺激大众的视觉与听觉，给予视听享受以此增强宣传的吸引力。

二、社团互动模式的主体关系及互动机制

（一）多元主体的定位分析

互动参与社团是以学生为核心，党支部、教师、行政人员为联动力量的有机整体。其中，学生起着主导性作用，在社团的建设中有着决定性作用，是构成社团的基本要素和社团发展的根本力量。在社团中学生拥有极大的自主权，包括规定社团内部规章、规划社团日常任务与活动，承担招纳成员、宣传成果、扩大辐射范围的基本职责。党支部为政治引导者，对社团没有组织功能，但承担着引导社团成员的政治取向的责任。同时，党支部也是联结社团与党员、积极分子的中介。社团与党支部"点对点"的对接，使社团交流后所获得的知识、文化由党支部传达到各积极分子、预备党员、党员，形成"点对面"的广泛传播与影响，以此形成一股合力。教师是"消极"的解惑者，重在解决学生主动提出的疑问，引导学生正确思考，给予学生一个较为权威的学术观点；同时，教师又是一个"积极"的纠错者，对学生在学术知识以及学习方法上出现的问题应及时给予解决，并且对于学生在意识形态上的"西化"倾向要及时修正。另外，党支部与教师还具有"传道者"的身份，要身教，将自己的行

为作为标杆引导学生做出正确的、符合社会根本利益的行为。而学生是互动参与的育人模式运作的核心与动力轴，在这个模式中行使动力作用的主动权在学生手上。最后，行政部门应当做好"后勤服务"的角色，给予社团在政策上、硬件设施上的相关支持。

（二）主体间的互动机制

为促使高校互动参与模式能够正常运行，就其宏观的过程结构而言，初步形成了以学生为起点范畴和终点范畴，以党支部和教师为推进动力和以传统及现代媒介为连接中介的基本操作模式。而具体到各主体间的微观操作中，大致形成了学生间、学生与党支部、学生与教师三组组成要素。

第一，在学生间，分化出组织领导层与辅助活动层。组织管理层主要负责社团日常的意见整合和任务下达，而任务的主要来源是学生内部的意见与学生自身发展现状——知识储备、兴趣取向等，并且任务是基于促进对社会问题的认识深化而提出的。辅助活动层是社团活动的参与主体，是意见反馈的主体，是社团内最活跃的因子。通过社团各任务的进行，例如阅读、观影、设计微信推送、借助 PPT 讲演展示学习成果等形式，进行交流、讨论，利用不同思想的碰撞，促使学生形成一定的思想观念，以此模式来培养学生独立思考的能力，并由此激发学生学习思考的活力。

第二，由于高校学生思想的开放性与逆反性，纯粹的学生间的学习与讨论难以实现思想的统一与整体学识的凝聚，而党支部的思想政治导向与教师的高学术素养能够对思想统一和知识整体凝聚产生推动作用，而这便决定了学生与党支部、与教师之间的互动是必要的，党支部和教师的参与是必然的。在社团的整体运行中，党支部是政治标杆，是一面旗帜，指引着学生们在政治价值观上的同质性发展，通过具体的学习活动，如"两学一做""一学一做"（"一学一做"是针对共青团员的，"两学一做"是针对党员的）以及对党政时事热点等的关注，培养社团成员的科学政治观。

第三，对于与教师的互动，主要体现在教师对学生学习进度与学习效果的关注以及学生日常提问的解答上。教师应对学生的学习进行评价与纠错，使学生在自主学习的基础上能够得到一个更加客观与权威的评析与指导，从而不断地提高自身的知识水平与学习能力。而在此交互过程中，学生的主动性是关键，信息技术是重要动力，即学生应及时并且主动地借用网络媒介，削弱时间或空间的阻碍作用，及时地反映其学习状况，以此保证信息传递的即时性从而促进育人的实效性。

三、社团运行的实际功效

（一）促进学生自我认识，提高自我认识能力与自我认识度

在经济迅速发展、社会大变革的今天，社会各界都出现了"空心人"，人对自我的关注萎缩，很多学生也失去了生活的方向。希腊先哲苏格拉底与春秋战国圣人孔子各有言，"认

识你自己"、"未经审视的生活是不值得过的"和"自知者明"等，都强调了人的自我认识的重要性，也都暗示了要利用人内省的力量来达到内在的改变，从而提升自我认识能力，加深自我认识程度，进而使受教育者从主观层面来达到对个体行为取向的自觉的控制。

（二）促进学生自我实现，鼓励个性，从而促进其全面发展

学校教育具有局限性，这就需要互动参与社团学习所具有的广泛性来对其进行弥补。高校学生的求知欲由于其身心发展阶段的影响而处在高潮阶段，课堂教育难以满足，而互动参与式的社团是一个以学生为中心的育人组织，它强调学生的自主选择权，强调学生自由选择其所感兴趣的各类问题进行学习与探讨，这也使得社团成为课堂的延伸。通过在社团中的个性化选择与学习，使学生能够保持对知识的渴望，能够促进其自身各方面的发展。

（三）促进学生自我教育，获取教育主动权，由内而外获得教育

互动参与社团核心的特性之一——参与性，规定了其目的不在于间接经验的汲取与注入，而在于直接经验的获得，这样深化的实践记忆获得的教育效果是具有延续性、传承性的。美国社会学家费里斯提出人的三种文化人格——传统驱动、内在驱动、他人驱动。在参与过程中培养的是学生的内在驱动力，强调他们的参与意识以及干预意识，而不是一味地强调外在的约束与监督。过分强调外在刺激的作用与对环境的简单顺从，无不是在助长人的外在驱动。但是，这样一种驱动无法给予个体长期的、持久的、稳定的行为动机。

（四）促进学生自我管理，提高其组织与社会交往能力

社团归根到底是一个群体组织，需要学生自我管理，对群体活动进行规范，通过参与管理，通过与社团产生的相互关系，通过对社团的能动的创造，学生能够在社团中找到归属，找到责任意识与主人翁精神，从而能够在进入社会之时有经验可以借鉴，有承担一定的社会责任的能力以及自觉的意识，达到个性化与社会化的统一。

四、高校理论学习型社团互动模式的发展愿景

一个组织、一个社团存在的意义与价值，不仅在于其对内部成员的作用，更在于社团所生成的效益能够满足其所在的学校乃至社会文化纵深发展的需要。高校互动参与式社团的最高目标在于以"核心"身份整合形成一个理论学习文化场，使其育人理念、理论学习成果能够成为社会文化纵向多元发展的一端甚至多端，进而在社会中形成一定的影响。除此之外，其意义还应体现在，社团模式本身能够在校园社团的建构中足以作为一种借鉴。

当下，就整个社会理论学习的情况而言，总体呈现出一种疲软的状态。为减弱这样的一种状态，应当从最小单元——个人入手，将其组织整合，进行集体学习。另外针对理论"高高在上象牙塔"的形象进行重塑，争取打破理论语言本身的"艰涩"，做到深入浅出，着力提升语言表达的通俗性，做到语言表达方式的大众化和用语的专业化相统一，提升理论

的可读性与可接受性，以此方式丰富育人模式的效用。另外，利用网络微信平台作为中介，使社团成为传播社会主义、集体主义、爱国主义教育的窗口。利用先进人物故事、图片以及视频资料等文化载体，以及开展征文、读书沙龙等活动载体，进一步拓展社团的辐射范围，拓深社团理论文化场的影响力。

★ 参考文献

[1] 赵东方，高志伟. 浅谈高校理论社团推进马克思主义大众化的对策[J]. 现代交际，2017，(22)：128－129.

[2] 刘丰林. 素质拓展视阈下的高校学生社团发展现状及对策[J]. 中国高等教育，2013(23)：20－22.

[3] 张兰兰. 新时期高校学生社团管理模式创新研究[J]. 教育教学论坛，2017(43)：16－17.

[4] 丁武，李明星，郭乔齐. 高校理论学习型社团在意识形态教育中的价值与实现[J]. 新疆社科论坛，2016(04)，94－96＋100.

[5] 朱飞. 社会互动理论视角下高校学生社团发展模式探析[J]. 思想教育研究，2015(01)：74－77.

[6] 孙凌燕. 高校社团文化对大学生成长的影响效果分析[J]. 沈阳师范大学学报(社会科学版)，2017，41(05)：157－160.

[7] 陆凯，杨连生. 以文化人视域下高校学生社团文化育人机制研究[J]. 思想教育研究，2017(09)：101－104.

[8] 张健. 探究大学生思政教育在网络视域下的创新[J]. 新闻传播，2017(18)：69－70.

★ 作者简介：柏加，女，长安大学马克思主义学院思想政治教育专业 2015 级本科生。
★ 指导教师：金栋昌。

我国社区文化建设路径的优化探究

——以西安市 H 社区为例

杨 文

摘 要 良好的社区文化是提升居民幸福感的一个重要因素。当前我国社区文化建设存在诸多问题，如社区内文化基础设施利用率低、社区文化内容形式稍显枯燥、文化建设专项资金不足、文化管理机制有待健全等。西安市 H 社区为全国文明社区，其在文化基础设施、文化活动举办、文化氛围营造等方面有自己独特的亮点。因此，本文以西安市 H 社区为主要研究对象，总结其社区文化建设的基本经验，并结合西安国际化大都市和"品质西安"建设的基本要求，把握新常态下西安市社区文化建设面临的机遇与挑战，探讨进一步加强社区文化建设的基本思路，从而为优化我国社区文化建设提供借鉴和启发。

关键词 社区文化；文化建设；经验总结；民生

一、引言

"民生"问题是一项重大课题，它与最广大人民的根本利益息息相关。我们早已走出贫穷与饥饿的年代，正向着"全面建设小康社会"的宏伟目标不断迈进。自改革开放以来，经济不断发展，人民生活水平也有了质的飞跃，越来越多的人开始关注自身的精神世界，开始注重生活环境的改善与生活质量的提升。

中国特色社会主义进入新时代，人民对美好生活的向往愈发强烈。十八大报告中首次正式提出全面建成"小康社会"；十八届五中全会审议通过了《中共中央关于制定国民经济和社会发展第十三个五年规划的建议》，号召全党全国各族人民要更加紧密地团结在以习近平同志为总书记的党中央周围，坚持创新、协调、绿色、开放、共享的五大理念，朝着共同富裕的方向稳步向前。十九大报告中也提出要推动文化事业和文化产业的发展，满足人民过上美好生活的新期待，完善公共文化服务体系，深入实施文化惠民工程，丰富群众性文化活动，从而不断促进人的全面发展，确保人民安居乐业。

二、社区文化建设的概念明晰

有关社区的解释有很多。在我国，对社区概念的理解则呈现出"表述不同，实质相近"的特点。各学者在对"社区"这一概念的理解、定义虽各有不同，但大都同意在地域意义上使用"社区"一词。2000年11月，中共中央办公厅、国务院办公厅转发的《民政部关于在全国推进城市社区建设的意见》，对中国的社区作了如下定义：社区是居住在一定地域范围内人们社会生活的共同体。

社区还是一个具有自我意识的单位，居住在同一社区中的人们有一种归属感，而这种感觉并不是依靠血缘关系建立起来的。一般认为，社区是将文化和社会联系起来的一个重要环节，甚至还是决定性的环节，它能够反映文化、社会和个体之间的联系，故可以认为是"文化的缩影"。

社区文化在广义上指社区的文化基础设施、文化活动举办、文化氛围营造等内容，狭义上指的是在一个社区中带有特色的文化活动，是指在一个社会生活共同体内生活的人们，长期逐步形成的共同的文化观念、行为规范、民俗习惯、价值观念。在现代，高强度、快节奏的生活状态，充满压力的工作模式，紧张的人际关系容易导致众多心理疾病。社区文化可以创造一种和谐、愉快、友好的家庭及周边环境氛围，让人们的心灵得到放松与调适，从而身心健康、精力充沛地去工作和生活。

三、我国社区文化建设的起源与发展

社区文化建设最早兴起于城市。中华人民共和国成立后，在很长时间内实行的都是计划经济体制，这种体制之下，文化被当作一种事业，由政府大包大揽。随着改革开放的深入，这种文化体制已经不能适应新的经济社会环境，不能满足人民日益增长的文化需要。在社会主义市场环境中，随着文化在社会发展中的作用越来越突出，文化事业的发展也就逐渐受到党和政府的重视，我国的城市社区文化开始蓬勃发展。在加强社区文化建设的过程中也逐渐开始注重发挥文化对社区发展的创造功能，强调加强城市社区文化建设。

1986年，随着城市经济体制改革的进一步推进，为了与改革步伐相适应，民政部首先倡导城市社区服务，即在城市开展以民政为对象的福利服务和便民利民服务。随着改革开放的深入，人民群众对精神文化生活的需求也越来越高，因而相应的其他社区工作，例如社区卫生服务、社区文化建设、社区治安治理等也迅速发展起来。社区工作的全方位发展需求仅依靠社区服务根本无法满足，因而在1996年中央政府提出了要大力加强社区建设。

在20世纪90年代初，民政部就提出了在城市开展社区建设的工作思路，先后三次召开了全国性社区建设理论研讨会，并且开展社区建设试点活动。社区结构的不断完整，社区服务的不断完善，促进了社会的基层基础管理。社区文化发展和人的发展过程是相互结合，相互促进的。优秀的文化能够丰富人的精神世界，增强人的精神力量，促进人的全面发展。人越全面发展，社会物质文化财富就会创造得越多，个人的生活质量及水平就越能得到提升，而物质文化条件越充分，就越能推进人的全面发展。中国特色社会主义进入新时代，我国社会主要矛盾已经转化为人民日益增长的美好生活需要和不平衡不充分的发展之间的矛盾。社区文化方面的建设也随着时代的发展而不断发展。

四、我国社区文化建设面临的困境及原因

（一）我国社区文化建设面临的困境

1. 社区文化基础设施陈旧、文化活动阵地狭小

纵观全国，随着城市化的推进，社区数量在不断增多，但是却存在文化设施陈旧、种类缺乏、社区文化活动阵地狭小等问题。有些社区文化设施陈旧，有些社区文化设施损坏严重，文化基础设施配备不健全。在进行文化活动时延用以往陈旧的设备，十分不利于文化形式的创新，很难给社区居民耳目一新的感觉；同时有些社区规模较大、居民数量较多，但是活动场地却十分有限，缺少社区居民锻炼及休闲的场所。基础设施及活动场所的建设并没有与社区发展同步跟进，导致有些居民另寻场所，从而造成社区居民的陌生化、距离化，很难积蓄社区居民的认同感与归属感，最终导致参与人数日趋减少、文化娱乐活动的开展陷入困境。

2. 社区文化活动形式单一、社区居民参与度较低

社区文化活动形式陈旧老套、千篇一律，活动形式缺乏新颖性和吸引力，使居民产生了视觉审美疲劳，大大影响了居民参与度；同时有些文化活动的内容缺乏针对性，并没有实质性的意义，活动的举办也并没有可持续性，难以产生后续影响，种种情况致使文化活动的举办并没有真正发挥其预想功能。

在居民参与情况上，参与活动的人数在整个社区内所占的比重仍然有限，且在参与者中男性少于女性，中青年人少于老年人，在职职工少于退休职工，作为现代社区重要活力来源的年轻人对于社区文化建设热度不高，而参与的人群主要集中在一些退休人员当中。这极不利于人们之间形成良好的沟通体系，很难提高社区总体的文化建设水平。

3. 社区文化建设队伍薄弱、管理人员认识不足

当前我国社区文化建设队伍存在以下问题：第一，在岗的社区文化工作者大部分学历偏低，观念落后，工作积极性不高，平均年龄偏大，面临退休。此外，由于基层文化工作环境差、待遇低、负担重，无法留住现有的文化人才，更难引进有专业特长、适合社区文化建设的优秀人才来充实队伍，使人才队伍出现了青黄不接的状况；第二，缺乏专业的文化干部队伍，使得各项工作都无法有效开展，而且有时候"赶鸭子上架"，用一些不懂业务的人

来搞社区文化建设,导致建设效果不佳;第三,对现有社区文化工作者缺乏系统的培训和长远的规划,这在一定程度上也导致了不同地区社区文化建设水平不一的局面。

从社区管理人员来看,有些社区的管理者并没有从思想层面来重视社区文化建设,没有认识到社区文化的重要性,仅是从片面的角度来狭义地进行文化建设。他们没有认清楚自身的责任和义务,在思想上对社区文化建设不上心,在工作中也不愿意去和其他管理部门探讨社区文化建设思路,以消极的态度对待社区文化建设工作。他们缺乏对社区文化建设内涵式发展的探索,思想上的消极懈怠导致行为上的懒散不作为,从而使社区文化建设在顶层设计方面出现相应的问题。

(二)我国社区文化建设发展困境的原因

1. 政府部门对社区文化建设的重视度不足

在经济高速发展的当下,经济发展的指数成为领导政绩考核的重要标准。各级政府和领导往往重视地方经济的发展,通过大力抓经济提升个人政绩,而社区文化建设作为发展的软实力、软指标,短期内并无明显成效,这就导致经济建设与文化建设发展不平衡的状况。他们错误地认为社区文化建设应当归于文化部门来进行,其他部门没有过多的义务去承担或辅助社区文化建设的内容,他们并没有充分认识和透彻理解社区文化建设的伟大使命,没有意识到在新时代下社区文化建设的重要意义与价值;同时政府并没有将社区文化建设放到社区建设整体规划之中,也没有专门的社区文化建设部门,更没有进行长期的工作规划。顶层设计的不足也使得社区文化建设缺乏专项建设资金,更多的是社区居民自发组织的文化活动,一些设备设施也多是社区居民自行解决,这就使得社区文化建设的质量无法得到有效保证,相关文化活动很难得以顺利开展,在经费缺乏的条件下,社区文化建设也更多地流于形式主义与空喊口号。

2. 社区管理者缺乏对社区文化建设的深入探索

从管理者角度分析,管理者把社区文化建设理解得过于简单化,认为搞好社区文化建设无非就是在社区图书室增加报刊和图书,在活动室添一些健身器材,逢年过节组织大家开展些简单的文体娱乐活动,表面上轰轰烈烈、热热闹闹,但忽视不同社区成员不同的精神文化需求,实际上只是一些没有实际内容和内涵的群众文艺,使得社区文化建设多流于形式,进而导致社区文化对社区归属感的积极影响大打折扣,无法有效地满足社区居民的精神文化需求。社区管理者没有挖掘中华民族深层次的文化传统,缺乏对社区文化内涵式建设的探索,这不仅导致社区文化活动创新性缺失,吸引力不足,群众参与度低,也使得社区文化队伍建设动力不足,较低的工资与尚不完善的人才培养体系使管理者个人成就感低下,对工作的喜爱度与岗位归属感下降,更不愿意为社区文化建设工作费心费力,从而使文化活动的质量不断下降,甚至形成恶性循环。在中国特色社会主义进入新时代的宏大叙事之下,在人民对美好生活的需要日益增强的今天,必须扎扎实实推进群众性精神文明创建活动。

3．社区居民整体参与度不高、归属感不强

从居民参与角度分析，在社区中，各项活动离不开社区里的居民，可以说，社区居民不仅是社区的重要组成部分，而且是社区文化活动的主要从事者，是重要的能动性主体。居民们虽然每天在社区中生活、休息、休闲娱乐，但却没有在社区文化建设中积极贡献出自己的力量，究其原因，从活动的组织、内容的设计，再到流程的控制，整个过程多是政府主导，相关部门没有意识到社区居民才是社区文化的主体，不注重发挥其在社区文化建设中的能动作用。社区居民只是被动地服从相关安排，这样就会降低社区居民参与的积极性，不利于发挥其主动性与独立性。同时社区文化原有活动的枯燥无聊、社区居民之间沟通交流的缺乏、彼此之间存在的疏离感等都影响了社区居民在社区文化建设方面的积极性。

五、H 社区文化建设实践经验

（一）提供社区居民文化生活的物质保障

完善的基础设施是 H 社区文化建设的第一步。小区设有图书阅览室、书画室、舞蹈排练室、健身房等多个场所，文化基础设施完备，可满足不同年龄、不同爱好的居民的多重需求。

社区文化基础设施的实景如表 1 所示。

表 1　社区文化基础设施实景

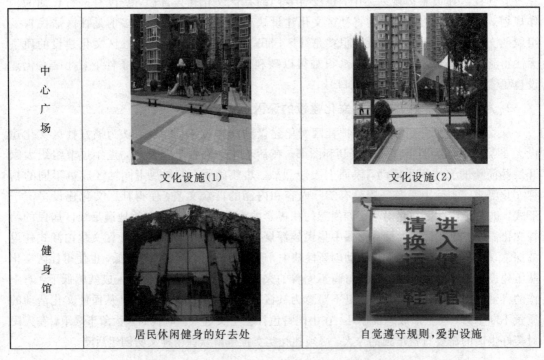

中心广场	文化设施（1）	文化设施（2）
健身馆	居民休闲健身的好去处	自觉遵守规则，爱护设施

自助图书馆		
纳凉亭	干净整洁的凉亭	居民在休闲娱乐
宣传栏	宣传栏(1)	宣传栏(2)

（二）自主自发举办形式多样的文化活动

社区这一群体庞大，社区内居民的兴趣爱好也各不相同。H 社区自发形成"文体协会"，下设太极队、舞蹈队、声乐队、瑜伽队等多个文体队伍，各个队伍自行组织活动进行锻炼或排练。有社区活动及演出时，每个队伍都有拿手节目，这样既能够节省文化管理人员的精力及物力，又能够自下而上畅通地开展文化活动。每个队伍自行组织，方便灵活，可真正调动起居民们的积极性，群策群力进行社区文化建设，共同开展群众性精神文明创建活动，既起到了休闲娱乐的作用，又能使文化建设真正惠及社区居民。

（三）借助宣传平台营造良好的社区文化氛围

在通信事业日益发展的今天，"宣传"对于社区文化氛围的营造、对信息的传播、对社区居民沟通交流的实现都起到了突出作用。H 社区有自己的 QQ 群，每户居民都有至少一个家庭成员在社区群中，重大通知、重要内容都会第一时间在群里通知，便捷、及时、迅速；H 社区自制"H 在线"宣传平台，第一时间为社区居民解决生活难题、宣传党政要闻。考虑到家中老人对网络操作不是很熟练，社区设置有小广播，在社区五个广场内同步播放，有相关信息会及时广播，方便简单，老年人通过广播了解到更多的资讯，并传达给家人、邻居，在消息通知、正能量宣传等方面都起到了很重要的作用。

（四）老年大学提升老年朋友的精神生活品质

老年人在社区居民中占比很大，在老龄化社会的当下，老年人的晚年生活不得不引起我们的关注。H 社区"文化养老"口号响亮，开设老年大学，使老年朋友们有事可做，有东西可学，一方面排遣了时光，另一方面充实了生活，真正做到"老有所学、老有所为、老有所乐"。

H 社区内有一支水平较高，较为成熟的民乐团，由某音乐学院的原院长进行指导训练，每周训练两到三次，从不间断，经常参加社区间或市里的文体活动或比赛。而民乐团的成员多为社区退休老同志，利用退休的时间丰富晚年生活，陶冶个人情操。

（五）打造高水平社区文化建设管理队伍

当然，上述的种种措施离不开社区居委会的组织与策划。社区居委会 T 主任告诉我们，居委会更多的是为居民提供一个平台，做好后勤服务工作。例如，活动场地的划分、时间的协调、消息的发布与通知、上级政策的宣传等，群众自发组织各种排练，自愿结成队伍，最大限度地调动人民群众的参与度与积极性，真正让社区文化建设由居民自己做主，从而更好地进行群众性精神文明创建活动。适度的作为才是居委会应做之举，适度的作为才能达到最优化的效果。

六、优化我国社区文化建设的路径探析

（一）"PPP"模式助力社区文化建设经费难题

"PPP"模式（Public-Private Partnership）即指通过加强政府和社会资本的合作方式为社会提供更加优质的基础设施和公共服务，这种模式已经成为近些年我国政府治国理政的新模式、新工具、新实践。管理学家 Peter F. Drucker 曾经指出："政府必须面对一个事实：政府的确不能做、也不擅长社会或社区工作。"进入知识经济时代，资源的汲取与分配应该以高效率的方式进行。政府负责政策制定与规划，而将政策执行落实于民间社区或私营部门，这样不仅可以减轻政府长久以来的财政负担，又可将社区及民众力量引入公共服务的进程当中，以强化公民意识与社会认同感，同时提高了资源使用效能和建设、运营效率。

在长期的社区文化建设过程中，物质保障的不完备很大程度上归因于缺乏专项经费的支持；同时长期以来社区建设受政府主导，社区管理者及社区居民等主体消极被动参与社区活动与社区建设，社区文化发展的内生动力不足，对政府过于依赖。而设置文化建设专项经费势必对政府财政造成负担。因此将"PPP"模式引入社区文化建设当中，能有效地吸收民间资本，减轻政府财政支出压力，降低财政负担，同时政府资源与社会资源的深度融合能更好地发挥各自优势，更好地进行社区文化建设。

"PPP"模式的推出旨在构建"政府—社会"二位一体的合作伙伴关系。在市场经济中，公共部门由于自身特点往往效率低下，管理水平落后，而在这一模式中，政府为社区提供政策支持、方向引导，由政府出面吸引更多民间资本入驻，投入到社区文化基础设施的建设之中；而社会则发挥其在技术、管理、创新等方面的优越性，因地制宜、有针对性地进行社区文化建设，将市场机制引入公共领域，整合公、私部门资源。这正契合了"新时代下支持民间资本发展，激发各类市场主体活力，不断加快完善社会主义市场经济体制"的发展要求。"政府搭台、社区唱戏"的"PPP"模式引入将会更好地解决社区文化建设经费问题，为社区文化建设提供物质基础与保障。

（二）优化社区文化工作者队伍，建设"内涵式"社区

社区工作者是社区文化建设的主要组织者、推动者和实践者，这支队伍素质的高低、能力的强弱、作风端正与否直接影响社区工作的整体水平。努力建设一支素质高、能力强、作风扎实、热心为民的社区工作者队伍，以适应新形势下的社区建设，成为当前的一个重要课题。要更深入地进行社区文化建设，必须优化和完善社区文化队伍建设。

首先，通过公开招聘、民主竞选、竞争上岗的方式吸纳专业人才，对从事社区文化工作的人员进行能力测试、筛选和培养，打造专业化社区文化队伍。现今社区文化队伍中多数

人员能力参差不齐，没有经过专业化培训，工作方式老套，队伍需要新鲜血液的注入，应开发相应的社区文化工作岗位，吸引广大人才应聘。应不定期地对社区文化队伍进行专业培训，有计划、分层次地使其掌握基本的专业理论、技术和方法，提高在职社区工作人员的理论水平、实践能力和专业化服务水平。

其次，建设一支"社区文化活动辅导员"队伍。加强社区内各类文化兴趣小组建设，从中发现有专长的文化骨干，及时吸收到社区文化建设队伍中来。与本地艺术团进行合作，从艺术表演骨干、退休或在职教师、文体爱好者中，采取自愿报名、组织考核的办法，选聘一批既有专业知识技能和组织协调能力又热心社区服务工作的人才，担任社区文化活动辅导员，负责组织、指导开展社区文化活动。引导文化艺术的专业人才参加社区文化建设。专业文化艺术工作者定期、定点，面对面地指导基层文化活动，是调动居民参与社区文化活动积极性，提高社区文化活动水平的重要途径。

另外，社区文化队伍要积极培育特色社区精神文化。培育人们的社区精神是社区文化建设的核心内容。在社区内，个人与个人、组织与组织、组织与个人之间难免会有矛盾和冲突。如何化解这些矛盾和冲突，实现社区内的和睦相处，只有靠对社区的认同，靠社区的凝聚力。构建以社会主义核心价值观为内核的社区精神文化的同时，应建设社区文化活动中心，打造特色社区文化；以居民群众喜闻乐见的形式，结合当地传统习俗和传统节日的独特文化资源，举办传统特色文化活动；充分挖掘地方传统文化精华，同时注重弘扬诸如"和为贵""守望相助""尊师重道""自强不息"等传统美德。

（三）"智慧社区"打造线上线下联动发展高居民参与度的新模式

互联网时代，原有的以居委会为中心的基层社会组织结构被打破，人与人、人与组织之间面对面的交流越来越少，关系日渐疏离，社区活动的参与度也不断降低，从而导致社区居民的归属感缺失，社会信任亟待重建。社区文化建设的一个重要方面便是提高居民参与度、形成融洽和谐的邻里关系，最终营造向上向善的社区文化氛围。而立足于高速发展的信息化时代，必须顺应时代潮流，发挥新媒体的积极优势，从线上密切、频繁的交流互动，逐渐延伸到线下的日常生活当中，从而形成线上线下联动发展的新模式，打造"智慧社区"。

首先，要建立多元立体的信息沟通新渠道。互联网的一个特点便是信息获取的便捷性以及资源的丰富共享性。要充分利用互联网的优势，结合"大数据""云计算"等技术建立社区专属资料库。将社区居民的一些共性需求进行分类整理，并实行具有针对性的精确服务，及时解决居民困扰与难题，想居民之所想，打破邻里之间冷漠、疏远的状态；同时每位社区居民都可以上传信息，例如私房菜谱、生活妙招、出租招聘等信息，实现信息的畅通交流，拉近社区居民之间的距离，增强相互之间的信任感，提高居民自治能力，也能减轻社区管理的成本。

其次，搭建社区居民平等交流的新平台。互联网的一个突出特征便是"去中心化"，即打破以往社区以"居委会"为中心的状态。每一位社区居民都是一个平等的因子，在这里不分年龄、身份，每一位用户都能够平等地表达自己的态度、立场以及观点，而网络用户中青少年又占据了很大一部分。从社区文化活动参与情况来看，参与者中男性少于女性，中青年人少于老年人，在职职工少于退休职工，作为现代社区重要活力来源的年轻人对于社区文化建设热度不高，而参与的人群主要集中在一些退休人员当中。搭建网络平台，大量吸纳青年人的加入，一方面使社区文化建设充满新鲜血液，整体更有活力；另一方面增强活动形式及内容的新颖性，重建社区居民的归属感。所以在进行社区文化建设时，应以开放的态度，积极调动社区居民的热情，最大程度地发挥社区居民的参与热情，扩大参与人群。

最后，开拓线上线下联动发展新局面。以往的社区文化活动存在活动形式单调枯燥、活动内容陈旧老化、活动吸引力不足等问题，而互联网时代下社区文化建设则应结合互联网时代的特征，同时结合当代社区居民的活动特点，采取"线上活动＋线下活动"的双向发展模式，不仅有线下创新形式的活动，还要发挥互联网互动、开放、合作的优越性，开办微博、微信等一系列网络平台等线上活动，利用网络的优越性弥补线下活动的不足，从而实现社区文化活动形式的丰富多样性。应利用网络平等交互等特征，消除邻里之间的疏离以及不信任，将线上热烈轻松的交流方式延伸到线下，由虚拟走向现实，提高线下活动的参与度。

七、总结

社区文化建设是一个长期性的课题，在这个过程中，的确会有很多问题出现，但这并不是不可解决的。我们要抓住问题的关键，多管齐下，从政府、社区管理者、社区居民等多角度出发，对文化基础设施建设、文化活动、文化氛围、资金等多个方面的问题有针对性地采取相应措施，不断满足人民群众日益增长的物质文化需求与精神文化需求，实现"两个一百年奋斗目标"，在新时代下把人民对美好生活的向往作为奋斗目标，把我国建成富强、民主、文明、和谐、美丽的社会主义现代化强国。

★ 参考文献

[1] 杜为. 我国城市社区文化建设研究[D]. 西南大学学报，2007.

[2] 任柯霏. 浅析城市社区文化建设存在的问题与对策[J]. 佳木斯职业学院学报，2016.

［3］ 陆在良，朱忠明．浅谈社区文化建设中存在的问题和对策［J］．大众文艺，2012．

［4］ 周保垒，陈君．关于城市社区文化建设的思考［J］．合肥工业大学学报：社会科学版，2003．

［5］ 方秀云．社区文化建设中政府推动问题［J］．中共杭州市委党校学报，2003．

［6］ 李建斌．关于加强和发展我区社区文化建设的思考［J］．前沿，2003．

［7］ 蓝凡．智慧社区文化：新媒介对传统社区文化建设的影响与作用：全媒体社区文化建设的必要性与可行性研究［J］．艺术百家，2013．

［8］ 田琳，朱麟．多措并举推进社区文化建设［J］．求知，2013(11)．

★ 作者简介：杨文（男）、曾思嘉（女），长安大学马克思主义学院思想政治教育专业2015级本科生。

★ 指导教师：曹爱琴。

西安市"车让人"政策实施情况调查报告

李雨婷

摘　要　随着社会经济的发展和人们生活水平的提高,西安市区汽车的数量在不断地增加,与此同时,行人与车辆之间的矛盾也在不断产生。2017年5月以来,西安刮起了一股"车让人"的风潮。《中华人民共和国道路交通安全法》中明确规定,机动车在城市道路行驶,如遇到行人正在通过人行道,应当停车避让。随着西安"车让人"活动的不断开展,西安市民与机动车辆之间的矛盾得到了一定程度的缓解,但在大部分车辆与行人遵守规则的同时,仍有"车不让人、人不让车、车不让车"的情况存在。此次调查活动旨在通过实地调查、采访等方式明确目前西安市内"车让人"活动的落实情况,深刻剖析政策实施过程中存在问题的原因,并从多个方面提出解决问题的方案与意见。

关键词　西安市;车让人;实施情况

一、调查背景

"斑马线有人我停车、斑马线无人我慢行、无信号路口主动让……"西安是全国文明城市、国际旅游城市,文明交通彰显城市形象,关乎宜居环境,体现市民素质。为推动文明交通先行、道路安全畅行、人车和谐出行,让城市更有温度、更有情怀、更有爱心,2017年5月12日,市文明办、市公安局交警支队联合向广大驾驶员和市民朋友们发出倡议,在全市大力推行文明交通"车让人"行动。"机动车不礼让斑马线"是指机动车违反《中华人民共和国道路交通安全法》第四十七条第一款的行为,即机动车行经人行横道时,应当减速行驶;遇行人正在通过人行横道,应当停车让行;机动车行经没有交通信号的道路时,遇行人横过道路,应当避让。

文明交通"车让人"活动开展之初,西安交警通过主动发声、设置话题、曝光违法等手段,迅速在全社会引发了关于礼让斑马线的大讨论,得到了各级领导的高度关注和市民的普遍认同。目前西安"车让人"活动已开展许久,但其实施情况却并不尽如人意,仍然存在各种问题,也滋生出新的交通安全隐患,仍需要相关部门对于政策的制定和实施进一步研究。

二、调查目的及意义

在 2012 年 7 月，西安本地一家知名媒体曾就西安"车不让人"的现象和杭州、哈尔滨等城市进行了对比，该报道直接推动了市公安局交警支队做出"推广'车让人'的决定"，此后"车让人"的说法沉寂了一段时间。2017 年 2 月，西安市机动车保有量超过 260 万辆。5 月 12 日，西安警方对机动车不礼让行人等交通违法行为进行专项整治，在全市范围内开展"文明交通公安先行"的主题活动。随后，公交、出租车等各行业迅速跟进、积极响应，广大市民特别是私家车驾驶人也主动参与到"车让人"活动中。截至 7 月 12 日，西安"车让人"专项整治满两个月。在过去的两个月中，整治活动以《中华人民共和国道路交通安全法》为准绳，对不礼让行为进行处罚。据统计，活动开展至今，市公安局交警支队共依法处罚"车不让人"的驾驶人九万余例。随着政策的细化再落实，整个活动从"车让人"向"人守规"细化。

"车让人"从现实角度而言，应当包含两方面的内涵：一是车要爱护行人、尊重行人，不依仗"强势地位"做超越规则的事情；二是人也要遵守道路规则，不做随意横穿马路等阻碍正常交通秩序的事情，让车走得顺畅、走得舒心。

"车不让人、人不让车、车不让车"必然导致交通秩序的混乱，也就必然对道路的通行效率产生严重的影响，带来相当大的安全隐患。随着经济的发展和城市化进程的不断加快，拥有私家车已经是必然的趋势和现实。汽车数量迅速增加，人口也在不断增长，如果仍然任由这种"车不让人、人不让车、车不让车"的混乱局面继续下去，中国交通的前景令人担忧。

"车让人、人让车、车让车"并非是一个简单的"让"的问题，而是按交通规则通行的问题，推而广之，是按规则做事、尊重礼让的社会精神文明问题。它不仅是国际化大都市的试金石，也是城市文明的标志。西安作为十三朝古都、国际化大都市，推行"车让人"是安全文明交通的第一步。车辆与行人都是交通参与者，应该平等享有各自路权。"车让人"说的是行人遵规守法的前提下，机动车需要礼让行人，并不是说行人可随意乱穿马路或闯红灯。行人在遇到礼让的车辆后，可伸手向礼让车辆点赞示意，同时也要快速通过人行横道，否则会引发交通拥堵。

此次调查活动旨在明确目前西安市内"车让人"活动的落实情况与具体的现状。通过实地的观察与行人的访谈走访，明确西安"车让人"活动存在的实际问题并提出具体的解决方案与建议。

三、调查情况分析

（一）各路段"车让人"情况

经过前期分组、确定选题、确立调研计划等环节，我们正式组成西安市"车让人"情况调查小组。自 2017 年 12 月 18 日起，小组六人集体行动，相继前往熙地港、文景路、西安市雁塔区人民政府门口、兴善寺东街、竹笆市街道、大车家巷与南院门交叉路口、世博大道、西郊县道、汉城北路与枣园东路的交叉路口、丰盛园小区门口等十处地点调查。调查地点遍布西安市区，具有一定的代表性和可行性。

小组先后进行了细致认真的观察和记录，得到了十份包括基础交通条件、人（车）流量、人车交互状况、车辆类型在内的调查结果，并在观察和记录期结束后召开小组会议，通过数据汇总、数据整理、资料分析等环节，进行了翔实的数据分析工作。在此过程中，我们也对行人的交流访谈进行了整理，整合出了共性意见，作为重要部分融合于具体分析中。

1. 熙地港

该路口车道较多，规模较大，有交通灯和交警。即使在早晨八点的观察时段，位于商业中心地段的熙地港路口有着巨大的人、车流量：共有 1148 位行人通过，而车流量几乎是人流量的两倍；在"人车交互"的表现上，有超过七成的车辆选择主动"车让人"，另外的情形则是"人让车"及约占 1％ 的"人车互让"的友好画面。

2. 文景路

文景路路口无交通灯、无交警执勤。受交通规模和观察时段的影响，观察期内文景路并无较大人流量及车流量：有 444 位行人通过，车流量只有 272 辆。从观察现象上看，文景路路口"车让人"及"人让车"现象相对均衡，约各占 50％。观察时段内没有"人车互让"的情况出现。

3. 西安市雁塔区人民政府门口

雁塔区人民政府路口无交通灯、无交警，但该路口有较大的人、车流量：观察期间共有 384 位行人和 436 辆车辆通过；从人车交互的状况上看，75％ 的车辆选择主动避让行人。另外，该路口有 8％ 的"人车互让"比例，行人和车辆都展现出较高素质。

4. 兴善寺东街

兴善寺东街路口无交通灯、无交警。在观察时段内，共有 504 辆车辆通过，人流量则是1028 位；"车让人"与"人让车"之比约为 7∶3，未出现"人车互让"现象。

5. 竹笆市街道

竹笆市街道路口无交通灯、无交警执勤。与其地理位置与基础交通条件有关，观察时段内人、车流量悬殊：车流量为 280 辆，人流量为 1156 位；总体上该路口"车让人"政策落实良好，主动避让行人的车辆占到 87％，"人让车"现象占 10％，还出现了 3％ 的"人车互让"现象。

6. 大车家巷与南院门交叉路口

在配套交通条件上，大车家巷与南院门交叉路口有交通灯、无交警。受所处位置的影响，观察时段内交通流量总体较小：人、车流量各为 316 位及 192 辆；"人车交互"的情形出现时，78％的车辆主动避让行人，17％的行人避让车辆，5％的行人及车辆在第一时间选择相互避让。

7. 世博大道

世博大道无交通灯、无交警执勤。在观察时段内人、车流量悬殊：有 104 位行人通过；车流量则超过人流量的五倍，为 556 辆；在这样的情况下，该路口的研究反馈并不理想。超过九成的行人被动选择避让通过车辆，仅有 6％是"人车互让"。

8. 县道

该县道位于西郊，有交通灯、无交警执勤。观察时段交通流量不大：车流量为 156 辆，人流量为 140 位；"车让人"及"人让车"的状况约各占六成和三成，还出现了 8％的"人车互让"现象。

9. 汉城北路与枣园东路的交叉路口

汉城北路与枣园东路的交叉路口有交通灯、无交警。人、车流量较为巨大：人流量为 568 位，车流量更是达到 1802 辆；人车交互的表现较为均衡，"人让车"现象占 48％，"车让人"现象占 52％。观察时段内没有"人车互让"现象出现。

10. 丰盛园小区门口

丰盛园小区路口无交通灯、无交警。观察时段内人流量为 216 位，车流量达到 1350 辆；从观察现象上看，该路口有良好的研究反馈：主动"车让人"的比重占到 93％，另外是 7％的"人让车"；没有"人车互让"现象。

（二）总体情况分析

从总体来看，十个研究地点在观察段内共有 7780 辆车辆及 5504 位行人通过。在形成"人车交互"条件的 1224 次状况中，"车让人"现象出现了 774 次，占 63.24％；"人让车"现象出现了 428 次，占 34.97％；"人车互让"现象出现了 22 次，占 1.79％。

综合以上十个研究地点的调查情况，结合在访谈的过程中获取的相关信息，我们发现西安市"车让人"政策落实中还存在以下问题：

（1）某些车辆对"车让人"政策落实不力，仍有较大比重的车辆不主动避让行人，甚至存在加速通过路口的极端现象。

（2）部分车辆驾驶员及行人对政策认识不清，具体规定和处罚办法普及程度不高。

（3）各类型车辆表现差异较大，总体上社会车辆在政策落实中表现不及公交车和出租车。

（4）行人素质（是否走斑马线、是否等待红灯等）、车辆驾驶员素质（如个人思想道德素质及落实政策的意识等）及其他因素在很大程度上影响了政策落实情况。

（三）对行人的访谈情况总结

斑马线前"车让人"不仅是交通安全问题，更是对生命的尊重，体现着城市的温度和文明程度。在各研究地点的调查过程中，我们选取社会各阶层、各类角色的行人进行了交流访谈，通过整合分析，得出行人的观点主要有以下几方面：

（1）从主体提出不良行为产生的原因。受访行人认为某些行人交通安全意识不足，"仗着车要让他"，做出某些危害交通安全的行为；社会车辆在行人较少的路段较为强势，甚至在通过路口时不减速。

（2）认同政策实施效果。受访行人在认同当前问题的同时，提出要行人和机动车相互配合，相互体谅，共创和谐交通；此外还提出建设性意见，如在没有红绿灯的情况下完善相关"车让人"规则。

（3）结合自身分析现阶段政策落实情况。受访者认为政策的出台推广无疑增强了车辆"车让人"的主动性和积极性，也指出部分社会车辆较为强势的事实，最终得出当前处于政策落实的过渡阶段的结论。

四、西安市"车让人"政策实施过程中存在问题的原因分析

（一）交通规划的不周全制造了不相让的现象

从城市路网结构来看，支路、生活区道路都可以与主干道直接相连，这种不合理路网结构把行人的活动空间直接接到了主干道上，行人的行为必然要在主干道上完成。支路、生活区道路上的车辆也只有直接而且频繁地进出主干道。

从城市道路功能来看，交通干道同时也是商业街的现象随处可见。面向主干道开口的商场、小区、单位等琳琅满目、数不胜数，因而行人过街、车辆进出的需求必然会产生，而且这种需求分布在整条道路沿线。然而，主干道重要的交通功能又要求不能有密集的行人过街设施，也不能有频繁的车辆进出。当行人、车辆正当的交通需求得不到满足时，人车之间、车车之间激烈的矛盾也就必然随之而来，让行也就无从谈起。

（二）设施建设的不合理造就了不相让的环境

不合理的三块板断面形式无法阻止车辆的左进左出，也不能对行人实现有效的隔离；宽阔的道路断面上没有行人过街安全岛和保护区，到达道路中央而无处立足的行人除了强行穿行机动车流之外别无选择。有行人过街设施的地点有障碍，而无行人过街设施的地点无障碍；有需求的地点没有设施，没有需求的地点设施剩余；需要实行人车彻底分离的地点施划人行横道，而进行平面过街设施设计就可以解决过街问题的地点却盲目建造立交，逼迫行人"上天入地"等，这些做法，为行人乱穿马路、车辆随意进出创造了"优越"的条件。

（三）政策适应的延时性拉长了不相让的时间

以最先推行"车让人"的杭州、深圳为例，两地地处东部沿海地区，经济发达，市民的文明意识相对较强。早在 2007 年，杭州市公交集团就制定了《公交营运司机五条规范》，其中明确规定"行经人行横道时减速礼让"。2010 年 1 月 1 日，《杭州市客运出租汽车单车考核细则》实施，规定出租车在斑马线前不减速、未停车让行、未避让的，一次扣 10 分。2015 年 11 月，杭州市人大常委会表决通过《杭州市文明行为促进条例》，其中第七条规定，驾驶机动车时不以手持方式使用电话，经过人行横道时应当礼让行人。而按照规定，不让行的司机将被依法处 100 元罚款，记 3 分。2016 年 3 月 1 日起《杭州市文明行为促进条例》正式施行，斑马线"礼让行人"首次被写入了该地方性法规。

西安近年来也陆续采取了一些整治行人横穿马路的措施，相比杭州近九年的实践探索，西安的"车让人"政策实施得更加直接，几乎没给行人和司机任何适应政策的时间。但从目前"车让人"实施的具体情况来看，这种突击式的整治行动效果有待加强，行人乱穿马路的现象仍然屡见不鲜。在严管车辆的同时必须管好行人，不然这就是一个"拉偏架"政策。

（四）我国的人车现状增加了不相让的程度

我国的人口特点是人口密度太高，路上行人较多。同时随着有车一族越来越多，马路上车辆的密度也不断加大，在人车都很多的情况下，如果每辆车都让人，就容易造成交通堵塞。西安市统计局于 2015 年公布的《2015 年西安市 1‰人口抽样调查主要数据公报》显示，西安市 2015 年 11 月 1 日零时的常住人口为 869.76 万人，其中七成人口居住在城镇。2017 年 2 月，西安机动车保有量超过 260 万辆。

做一个概率假设，截取 60 秒为一个时间段，在这 60 秒中路两侧有 20 人需要过马路，20 人同时过马路几乎不可能发生，最糟糕的是 20 人分别穿过马路，这就意味着每隔 3 秒，行驶在这条路上的车辆需要停下来等待行人过往，这就降低了行驶效率。由于这一现状，"车让人"在我国实行的难度比较大，难免会造成车不让人的局面。

（五）公民意识的缺乏纵容了不相让的行为

公民是依据法律享受权利和承担义务的人。公民意识，实际上也就是权利意识、义务意识和法律意识。执法守法，遵守社会公德，是公民应有的权利和义务。亚里士多德对公民的定义是：有能力管理并善于被管理和服从的人，即公民既要有管理意识又要有服从意识。中国在几千年的封建专制社会里，皇帝至上，国家法律用于民，百姓向来没有执法权力，只是一味地服从，更别提拥有权利了。长期的封建专制统治导致人们向往"桃花源"式的"无政府"主义，所谓的"无限制"使一些人毫无"公民意识"。交通规则里明确规定了"红灯停、绿灯行"，但依然有很多行人闯红灯，将正常行驶的车辆逼停；交通规则里的"车让人"写得清清楚楚，但"车抢行"的情况依然层出不穷。

部分行人并不具备完善的自我责任意识。自我责任意识是责任意识的起点和前提。调查显示，大部分行人有一边走路一边玩手机的习惯，常常在过马路时打电话、发短信、听音乐，导致注意力不集中，对过往车辆的行驶声、鸣笛声和交通指示等听而不闻、判断不足，甚至无意间闯入川流不息的车流中而发生事故；很多行人只注重个人的通行需要，对闯红灯、不走斑马线横穿道路、翻越隔离护栏等行为抱有侥幸心理，甚至将怎么过马路看作是个人自由，表现出明显的主观性和随意性。可见，部分行人的这一系列行为，既是对从自身做起自觉守法意识的忽视，也是对自我生命安全责任的淡薄。

调查显示，大部分行人的法律基础知识薄弱，对法律的整体认知水平仍然较低。当前，人们对交通法律知识的具体内容仍缺乏关注，而往往集中在交通事故的新闻信息、伤亡程度上。对于大多数法律规定的掌握都局限于通过电视、报纸、网络而获取的简略信息，没有在头脑中形成有效的法律认知。行人对交通安全法律法规的了解也带有较大的倾向性，大部分人对于交通安全的话题热衷于讨论"酒驾查处""机动车闯红灯"等内容，关于行人通行的法律规定却极少关注。

在法治实践中，仍有不少人只看到了交通法规对机动车、驾驶人的约束作用，不能充分了解到国家法律制度对每个交通参与者的法律权利和义务都是公平的，交通法规同样也是机动车、驾驶人的权益保障，因而，在一定程度上导致了很多行人不能正确认识到交通法律维护正义的价值初衷。最常见的例子就是行人闯红灯：行人会比较顾忌单独一人在交警面前闯红灯；但如果随着人流一起闯红灯，即使路口有警察在执勤执法，行人也不会因违法了而感到害怕。

（六）自身心理的难控性增加了不相让的可能性

1. 行人心理

行人心理包括从众心理、焦急心理。

① 从众心理。因交通安全意识不强，对行人违章的管理措施不力等因素容易导致行人拥有从众心理而产生横穿马路或闯红灯的行为。据观察，行人普遍会选择人多结伴出行，也多以批量到达人行横道，或多数选择在人行横道处等候，与其他行人一起过马路。人行横道上人数较多时，多数行人行为会较为鲁莽，一旦人群中出现率先抢行者，其他行人往往跟从。但是如果同批次过街人数较少时，行人会谨慎地选择过街时机。

② 焦急心理。步行质量最重要的衡量标准就是时效性，当等待红灯时间超过了行人心理承受时间，或到达人行横道的时间超过了行人心理承受范围时，将会使行人产生焦急心理，这一心理的出现必将导致行人横穿马路或闯红灯行为的发生。

行人随着等待时间不断延长，逐渐失去耐心，多采取"逐车道过街"的方法，逐步穿过车道。行人穿越机动车流时，常与机动车行驶方向相反，绕过车尾过街，到达中线后以同样方式寻找、穿越另一方向机动车流。

2. 驾驶员心理

驾驶员的"路怒症"心理是汽车时代的一个世界通病。一个关键原因是驾驶员有一种不正确的期望，下意识地认为可以完全按照自己设定的方式和时间从甲地开到乙地，没有任何意外事项可以阻止。"路怒症"的心理表现为：① 一遇到堵车或限速路段，心情就会无比烦躁和焦虑；② 看到行人过马路时，会忍不住不停按喇叭或骂脏话；③ 强行切入他人车道或者故意拦挡他人进入自己的车道；④ 前车车行速度较慢时，不停按喇叭或打闪光灯，或是超车时特意摇下车窗大骂；⑤ 被人超车后破口大骂，或是加大油门超车；⑥ 被人强行超车或路面出现缓堵时，心里有故意撞前车的想法等。

五、关于改善西安市"车让人"政策实施过程中存在问题的几点建议

（一）完善外部监督机制

据我们观察得出，外部监督（如交警、监控等）对车主是否礼让行人有着重要影响，所以加强外部监督对推进"车让人"政策更好地落实有必不可少的作用。首先，由于现在西安的"车让人"现象还处在适应期，人和车都不太习惯，所以应设置巡查员、巡视车等进行巡查监督；全面普及"电子眼"，实现零死角，以帮助和监督车主，使"车让人"行为成为一种习惯；其次，当下处在"车让人"适应期，一些交通安全意识薄弱的行人会理直气壮地闯红灯，而车主面临此种情况不免委屈，使得众多车主对此政策有些排斥，更不能主动自觉地遵守，针对此，可以优化信号灯的配时周期、在十字路口安装语音提醒装置（如语音提示柱等）、增设人脸识别系统（西华门十字）或者仿照新加坡发行类似"乐龄卡"，安装可调节红绿灯等措施来减少行人闯红灯现象，以减少车主压力。

（二）完善交通规划，加强适应性

西安的城市规划还在不断发展当中，从交通规划开始，就要充分考虑路网、道路对于实际交通状况的实用性和适应性。比如，我们在观察雁塔区人民政府前的道路时就发现，人车流量都很大，但是由于行人经过的并不是正规的带有红绿灯的斑马线，因此很容易出现交通事故。所以，应该按照在生活区道路接支路，支路接次干道，次干道接主干道的顺序搭建路网，把分散的过街需求和车辆的进出需求集中起来，并通过一定的设施和措施来满足这些需求，避免发生互不相让的情况。应明确并净化道路功能，禁止直接面向主干道开口，杜绝交通干道上的马路经济等，都是减少乱穿马路、人车互不相让的交通需求的手段。

（三）"学""罚"结合，加强思想道德教育

在过渡阶段，"学""罚"二者缺一不可，加强行人及车主的思想道德素质，培养其规则意识和公共意识是推行"车让人"政策、建设文明交通最根本的措施，所以，以学为主，辅之以相应的处罚是现阶段的可行举措。了解和把握行人和车主的不同心理状态，对其进行具

有针对性的思想政治教育，以情感之，以礼服之。设置"车让人"标准示范路口，鼓励公务车辆起模范带头作用，树立榜样；同时也要通报和处罚违规车辆及不遵守交规的行人，提高违法成本，使之成为习惯，使礼让行人成为一种"理所当然"。

（四）完善相关交通规则

人们从不自觉到自觉，从不习惯到习惯，制度的保障是必不可少的。对于"礼让行人"，除依照《中华人民共和国道路交通安全法》第四十七条规定外，近期，西安交警又发布了"车让人"七种常见场景的详解，细化规则。但经观察，在许多地方，"车让人"的实施还是有些混乱，车主不能很好地把握行人是否要过马路，行人又无法得知车辆是否会停让，于是双方陷入尴尬，影响了交通效率。针对此，应对"车让人"的规则进行细化以适应过渡阶段，比如规定，多少秒后行人不通过，车辆可通行等。

（五）加强科技创新

由于路段复杂，路面交通情况各不相同，所以应加强科技创新，针对不同情况的路口，设置研发适应该路口的智能装置，因地制宜地解决问题，比如，安装移动式中央隔离栏、设置3D斑马线等。

（六）媒体舆论引导

由于中国的汽车文化长期没有包含"礼让行人"，因此，要将一种新的文化植入原有的文化体系是一件比较困难的事。在这种情况下，媒体的作用便凸显出来。首先，媒体的宣传报道能够使人们广泛认识和意识到"车让人"的重要性；其次，"车让人"经由媒体推动，形成社会舆论，成为人们茶余饭后谈论的热词，使"礼让行人"更好地被人们潜移默化地吸收，同时也能引导人们互相监督，更好地推动"车让人"政策的实施。

六、附录

表1为西安市"车让人"情况调查数据汇总表。

表1 西安市"车让人"情况调查数据汇总表

序号	调查地点	车辆类型	数量/辆	总数/辆	行人数量/位	车让人/次	人让车/次	人车互让/次	备注
1	熙地港	公交车	104	2232	1148	18	4	0	
		出租车	168			26	6	0	
		货车	4			0	0	0	
		社会其他车辆	840			130	54	2	

续表一

序号	调查地点	车辆类型	数量/辆	总数/辆	行人数量/位	车让人/次	人让车/次	人车互让/次	备注
2	文景路	公交车	0	272	444	0	8	0	
		出租车	44			12	16	0	
		货车	0			0	0	0	
		社会其他车辆	228			76	68	0	
3	西安市雁塔区人民政府门口	公交车	60	436	384	0	0	0	
		出租车	16			0	4	0	
		货车	4			0	0	0	
		社会其他车辆	356			8	32	4	
4	兴善寺东街	公交车	28	504	1028	0	4	0	
		出租车	64			40	8	0	
		货车	0			8	0	0	
		社会其他车辆	412			96	52	0	
5	竹笆市街道	公交车	4	280	1156	0	0	0	不仅不让人，还骂人
		出租车	44			20	0	0	
		货车	0			0	0	0	
		社会其他车辆	232			112	16	4	
6	大车家巷与南院门交叉路口	公交车	0	192	316	0	0	0	
		出租车	8			0	0	0	
		货车	0			0	0	0	
		社会其他车辆	184			56	12	4	
7	世博大道	公交车	68	556	104	0	0	0	
		出租车	16			0	0	0	
		货车	92			0	0	4	
		社会其他车辆	380			0	64	0	
8	县道	公交车	32	156	140	0	4	0	
		出租车	4			0	0	0	
		货车	44			4	0	4	
		社会其他车辆	76			12	28	0	

续表二

序号	调查地点	车辆类型	数量/辆	总数/辆	行人数量/位	车让人/次	人让车/次	人车互让/次	备注
9	汉城北路与枣园东路的交叉路口	公交车	136	1802	568	4	2	0	行人闯红灯问题严重
		出租车	274			6	2	0	
		货车	32			4	4	0	
		社会其他车辆	1380			30	32	0	
10	丰盛园小区门口	公交车	82	1350	216	4	0	0	
		出租车	200			28	0	0	
		货车	30			4	0	0	
		社会其他车辆	1038			76	8	0	

★ 参考文献

[1]　惠林征. 西安"车让人"媒体舆论引导分析[J]. 今传媒, 2017, 25(10): 55 - 56.

[2]　姜永涛, 潘斌. 社会工作方法在媒体领域的应用: 以广东省中山市"车让人"有奖活动为例[J]. 新闻研究导刊, 2015(14): 336.

[3]　杨晓光, 马万经. 论"车让人""人让车""车让车"[J]. 道路交通与安全, 2003 (4): 6 - 8.

[4]　解哲琳. 斑马线前"车让人": 行人应该这样做[N]. 河北经济日报, 2017 - 08 - 19.

[5]　马黎. "车让人"让守规成为一种文明[N]. 陕西日报, 2018 - 01 - 02.

[6]　赵伟. 浅谈"车让人"[N]. 佳木斯日报, 2017 - 10 - 10.

[7]　李孟. 不抢就过不去　实现"车让人"究竟有多难[N]. 中国商报, 2017 - 09 - 05(03).

[8]　梁家毅. 让"车让人"成为内化于心的习惯[N]. 中山日报, 2017 - 09 - 21.

★ 作者简介: 李雨婷, 女, 长安大学马克思主义学院思想政治教育专业 2015 级本科生。

★ 指导教师: 殷莉。